H24

"Manifestes"

Graphisme H24 : © Roxanne Maillet
Typographie : © Raphaël de La Morinerie

ISBN 978-2-330-15748-7

H24

24 heures
dans la vie d'une femme

ACTES SUD / arte EDITIONS

23 000 respirations, 86 400 secondes,
100 000 battements de cœur…
De quoi est faite la journée d'une femme ?

24 histoires vraies ont inspiré
24 écrivaines internationales.
Un livre coup de poing pour rendre visible
ce que vivent les femmes au quotidien.

Retrouvez l'intégralité des épisodes de la série H24
sur le site arte.tv :

Retrouvez la bande originale de la série H24,
composée par Léonie Pernet :

PRÉFACE

Nathalie Masduraud & Valérie Urrea
Directrices de la collection H24

J'ai léché les lèvres d'une louve, la colère, et je m'en suis servie pour illuminer, rire, protéger.
Audre Lorde

À nos enfants.

La colère. Elle explose ce matin-là sans prévenir. Une voix neutre à la radio vient d'annoncer qu'une femme a été défenestrée par son compagnon. Mais son assurance ne lui donnera pas un sou. Non. Pas un sou. La voix neutre enchaîne : L'assurance considère Mme X comme en partie responsable de son sort. Pas un sou. Mais responsable. Ça oui.

La chute de Mme X ouvre en nous un abîme. Combien d'annonces de ce genre prononcées cette année ? Combien de femmes, du sang sur les dents, combien de tweets, invitant à les violer, combien d'obscénités pour un décolleté, une jupe, un short ? Il suffit d'être assignée femme pour avoir le droit d'être harcelée, insultée, rabaissée, violentée… Et peu importe qu'elle vive à Versailles, à Manchester ou au Groenland, qu'elle soit caissière, ministre ou présentatrice, qu'elle ait à peine onze ans ou déjà l'âge d'être ta mère, qu'elle soit lesbienne, trans, bi ou super hétéro… être femme est toujours un ticket gagnant pour un supplément d'emmerdements.

Défenestrée mais déclarée responsable de son sort, Mme X vit aujourd'hui en fauteuil roulant. On coupe le son et on s'interroge. Comment cette tragédie a-t-elle pu devenir un *"fait divers"* ? un acte du quotidien ? Combien de femmes reléguées dans cette rubrique, combien de temps d'antenne, combien de scoops pour combien de coups… On additionne. Le corps en suspens. Entre gravité des faits et pauvreté de leur représentation, omniprésence du silence et récurrence du harcèlement – tous ces petits faits journaliers jamais quantifiés mais qui suffisent à pourrir des endroits secrets de nous-mêmes –, qui l'emporte dans la balance médiatique ? On reprend souffle avant de s'élancer.

Depuis quelques années, nous réalisons des films documentaires. À deux. C'est à la fois une histoire de couple mais aussi un acte politique. Qui nous engage et nous altère profondément. Afrique du Sud, Iran, Indochine coloniale… de film en film, nous nous tournons vers des artistes pour voir comment leur pratique leur a permis de contourner des systèmes oppressifs, comment ils résistent et continuent à s'exprimer. Cette question de l'engagement des artistes ressurgit ce matin-là. En même temps que la colère.

Et puisque ces actes de violences faites aux femmes sont toujours renvoyés au quotidien, alors considérons une journée dans la vie d'une femme et voyons de quoi pourraient être faites ces 24 heures. Une journée dans la vie d'une femme – *cette journée vous dit quelque chose ?* – qui se composerait de 24 faits singuliers, de l'incident le plus banal au drame le plus bouleversant. Nous avons donc proposé à 24 écrivaines de s'inspirer de 24 faits réels. Pour redonner voix à ces anonymes. Et faire en sorte que chaque autrice – avec son style et son talent propres – puisse faire résonner une parole singulière, incarnée, loin du ton "neutre" des brèves journalistiques.

Unité de temps, de lieu, emploi du "je", tout cela en un seul feuillet, nous avons aussi imposé des règles pour qu'à travers ces textes se dessine le visage toujours réinventé d'une seule et même femme (cette passante *"Ni tout à fait la même ni tout à fait une autre"*). Écrits à la première personne, ces 24 monologues sont NOTRE expérience collective du sexisme ordinaire, du machisme, du fait de grandir dans une société patriarcale violente et excluante. De texte en texte, ils dessinent une géographie de nos zones de combat, une carte du Tendre d'un nouveau genre. Obligent déjà à ce sinistre constat : à travers une bonne partie de l'Europe, en passant par les États-Unis, les points de départ de ces histoires sont tristement les mêmes. Rien ne se partage mieux que la misogynie, rien de plus universel que la phallocratie.

Dix langues différentes, onze pays, vingt-quatre écrivaines, vingt-quatre tons… mais une seule sororité, pour reprendre une idée chère à Chloé Delaume. Et le sentiment réjouissant de former ensemble – le temps d'un livre, peut-être plus – *une internationale féministe* pensante et agissante. Car loin d'être un exercice de style littéraire, ces 24 textes sont avant tout un geste politique, et pourquoi pas une mise en garde. De *"Ça, c'est mon corps !"* à *"Non, Bertrand, je joue pas au bonhomme. Je joue à la mignonne qui va te faire bouffer ton acte de naissance"*, avec humour, avec éclat, ces 24 femmes se sont réapproprié des histoires rarement légères pour façonner 24 héroïnes, qui toutes viennent frapper à notre porte et nous interroger sur l'intolérable. Pour nous, nos filles, nos sœurs, nos voisines.

Ces portraits de femmes constituent sans aucun doute une manière nouvelle de militer. Un engagement collectif. Qui passe par la liberté de la fiction, mais qui révèle aussi l'universel de la condition féminine. Ce n'est pas un abécédaire de souffrances ou une apologie de la victimisation, tout au contraire. Nous voyons dans *H24* la création d'une mythologie inédite, un instantané du XXIe siècle saisi sous le prisme mordant d'une littérature incisive. Un débat public ouvert à travers l'intime de la création. Un geste artistique unique.

Aujourd'hui, nous sommes très fières, et aussi très émues, de voir réuni dans ce livre les 24 monologues que vous allez découvrir. Drôles, vibrants, terribles… ces récits secouent, touchent profondément. Ils ont pour vocation à être lus et entendus. Par tous. Nous tenons à remercier ici la générosité et le talent de ces écrivaines qui se sont toutes si formidablement engagées. Ainsi que l'implication de toute l'équipe d'H24 dans ce projet hors norme.

N'hésitez pas à vous emparer de ces paroles. Elles sont fortes. Ce sont aussi les vôtres.

08H

H80

10 CM AU-DESSUS DU SOL

d'ALICE ZENITER

Tu sais que je ne suis pas difficile. Six ans que je prends ce qu'on me donne, les boulots alimentaires, boulots à la con. Je me plains pas, j'en trouve toujours. Dès que je suis dans le rouge, je peux – deux jours ici, une semaine là, j'arrive à la fin du mois et ça me laisse le temps pour la photo. Bref, hier j'avais un nouveau truc, réceptionniste, loin mais bien payé.

Ils me disent que je commence à 8 heures. Je me lève à 5, je pars de chez moi à 6 h 10, j'arrive à 7 h 45, je passe l'uniforme. "C'est quelle couleur, ça ?" je demande à la femme qui me briefe. "Bruyère", elle répond. Après, elle m'explique que je vais accompagner les clients jusqu'aux salles de réunion et aux bureaux : "Le bâtiment est immense, elle dit, tu vas te perdre le premier jour, c'est normal mais oh là là, *oh là là* qu'est-ce que c'est que ces chaussures ?" Moi je réponds : "Des derbys ?"

À ce moment-là, un mec en costume arrive, il demande : "Un problème, Jeanne ?" Jeanne est *(geste de la main devant le visage pour mimer l'état déplorable de Jeanne)*, elle dit : "Elle est à plat." *(Peut-être en mimant avec ses mains les interlocuteurs.)* Lui : "Elle est nouvelle ?

— Oui, nouvelle.

— Et elle est à plat ?

— Oui, elle porte des – c'est quoi le mot ?

— Des derbys", je dis.

Et Jeanne répète : "Des derbys.

— Elle n'a qu'à aller s'acheter une paire, dit l'homme comme si je n'étais pas là. Il y a un magasin au coin de la rue."

Je ne bouge pas. Je ne comprends rien.

"Et ne prenez pas des talons de cinq, il dit, c'est ridicule, prenez des talons de huit ou dix."

Je regarde le mec, ses mocassins. J'explique que je ne peux pas marcher avec des talons : ça me cisaille, je me tords la cheville et descendre les escaliers, on oublie – bref tu m'as déjà vue, tu sais… Il dit que j'y mets de la mauvaise volonté. Il me parle de questions de standing, qu'on attend des choses de cette entreprise, les clients attendent certaines choses, et les talons en font partie, oui, les clients viennent ici parce qu'ils pensent, ils *savent* qu'il va leur arriver deux choses à l'intérieur de ce bâtiment : ils verront des réceptionnistes en talons hauts et discuteront avec des conseillers talentueux. Les deux trucs sont liés, tu vois : les clients seront contents de voir des femmes haut perchées et quand les clients sont contents, ils prennent plus de risques financiers, et puis le mec se verrouille d'un coup : "Je ne vois pas pourquoi je discute, c'est la boutique de chaussures ou la porte, je ne vais pas vous laisser escorter nos clients avec vos baskets de jogging." Et là moi je hurle : "MAIS PUTAIN C'EST DES DERBYS."

Gros silence. Gros gros silence. J'avais l'impression que je pouvais entendre l'écho contre les baies vitrées : derbyyys, derbyyys.

Et ils m'ont renvoyée chez moi. Sans rembourser le transport.

09H

REVENGE PORN

de SOFI OKSANEN

Traduit du finnois par Sébastien Cagnoli

“Mais vous êtes complètement folle !” crie-t-elle au téléphone, et elle m’injurie de plus belle. Elle a pêché sur la toile une photo de moi où je suis moche, et ça ne l’étonne pas que mon mec m’ait quittée, c’est pour ça que je sème la pluie noire de ma rancune dans les rosiers des autres, que je veux arroser leur bonheur à l’acide, et c’est compréhensible, quand on sait combien ma vie est misérable, et quand on sait comment j’ai élevé ma fille pour en faire une pute. Aussi me fait-elle grâce d’une poursuite en justice, et elle n’appellera pas la police, pour cette fois. Mais si jamais j’importune encore leur famille, “elle aura affaire aux autorités, cette bouffie qui mériterait d’être derrière les barreaux”.

Je regarde dehors en la laissant déverser son venin dans mon oreille. Si je ne raccroche pas, c’est parce que son mal-être me procure un plaisir indolent. Je l’entends hoqueter, à court d’oxygène, et je serais ravie qu’elle tombe dans les pommes. Ce ne serait pas la première. Mais non, elle se ressaisit en continuant de m'insulter, jusqu'à ce que la communication soit coupée net en plein milieu d'une phrase. Je parie qu'elle a éclaté en pleurs.

La première fois que j'ai reçu un appel similaire, je n'ai pas réagi avec le même sang-froid, le téléphone m'est tombé des mains comme s'il était contaminé, et l'écran s'est fracassé par terre. Je ne m'attendais pas à ce que les femmes prennent la défense de leurs maris avec une telle fureur ; mais à présent, la main que je pose sur le clavier de mon ordinateur est aussi impassible que la pierre sur la tombe de ma fille, et je me remets à la tâche avec une égale fermeté, je m'immerge dans la vie de ma prochaine cible sur son média social. C'est un homme qui a l'air ordinaire, comme toujours. Il a un chien qui folâtre sur un gazon bien entretenu, deux enfants, et une femme apparemment convenable. Celle qui vient de m'engueuler me paraissait convenable, en photo, elle aussi. Elle m'a téléphoné quand elle a reçu les images que je lui avais envoyées : mes captures d'écran des commentaires rédigés par son mari sur des sites pornos. Il demandait où télécharger la vidéo sur laquelle figurait ma fille. La vidéo partagée sur le réseau par quelqu'un, peut-être un ex, peut-être celui qui l'avait quittée. La vidéo qui s'est propagée dans le monde entier et qui continue de circuler. Non, je n'arrêterai pas, quels que soient les gens qui m'appelleront, quoi qu'ils me disent.

Je traquerai chaque personne qui a voulu voir cette vidéo, et j'enverrai les preuves à leurs amis, à leurs mères, à leurs femmes, à leurs enfants, car ils n'encourent aucune autre peine, ces enfoirés qui ont détruit la vie de ma fille et à cause desquels elle repose sous une pierre glaciale.

10H

CONCERTO N° 4

de SIRI HUSTVEDT

Traduit de l'anglais (États-Unis) par Christine Lebœuf

Cesse de trembler, idiote. Cesse. Respire. Il ne s'est rien passé. Réfléchis. Tu n'avais pas envie d'y aller. *Un café ?* Tu as dit : *D'accord*, polie, polie parce qu'il est vieux, aussi vieux que ton père – un prof. Visage ridé. Rides profondes du nez à la bouche. Vieux. Cette petite coupure au-dessus de sa lèvre. Du sang séché. J'arrête pas de la regarder.

Il veut un verre de vin rouge. *Un café, s'il vous plaît. Pas de vin ?* Je lui dis que j'ai un texte à écrire. Il n'entend pas. Sourd. *On doit sentir la musique, la réinventer de l'intérieur.* C'est à mes seins qu'il s'adresse. *Géza Anda, 1969. Je vous le jouerai chez moi – Mozart,* Concerto n° 4. Non, merci, cher professeur, il faut vraiment que je travaille. J'ai ri, alors. Pourquoi ai-je ri ? Ce n'était pas drôle. Il n'était pas drôle. Le serveur m'a lancé un regard. Tu te rappelles ? Un regard averti, supérieur. J'ai eu honte. Me sentais coupable. Je ne faisais rien. Quelle importance, ce que pense ce crétin de serveur ?

Je voudrais m'en aller. Je ne peux pas. Il est mon prof. Ce serait mal élevé. Il n'a rien *fait*, pas vrai ? Il ne s'est rien passé.

Réfléchis encore. Tu n'es pas calme. Respire. Il s'est passé quelque chose, mais ce n'est rien ? C'est ça que les gens disent, non ? Il ne t'est rien arrivé. Sois pas sotte. Il n'a rien *fait*. C'est ainsi que sont les hommes. Ils sont comme ça tout le temps, mais ce n'est rien.

Les coudes sur la table, il tient son verre à deux mains. Il se penche vers moi. Je me penche en arrière. Son pouce. Il le frotte encore et encore contre le verre. Fort. Est-il conscient de ce qu'il fait ? Ses yeux ne clignent pas assez. Le regard fixe, il frotte, parle et parle. L'enregistrement de Géza Anda, chez lui. Il emploie le mot *sublime*. Je déteste ce mot, surtout pour la musique. Je le déteste, mais je ris. Pourquoi ? Rire rend tout ça irréel. Ce n'est pas en train de se passer. Mais quelque chose se passe. Ce sont des menteurs.

J'observe le pouce. Il parle de nouveau d'aller chez lui. Je me tais. Il parle. Je me demande s'il essaie de casser le verre avec ce pouce. Il parle, sourit. Ses dents – légèrement brunes dans les intervalles, bleuies par le vin. Le sourire est détendu. Le pouce est agressif. *Non, merci, cher professeur, je ne peux pas.* Son expression change. Elle ressemble à celle du serveur – supérieure, condescendante – comme s'il me connaissait vraiment, savait ce que je veux. Il sait. Moi pas. Le visage n'est pas en colère. Le pouce est en colère. *Il faut que j'y aille, maintenant.* J'ai envie que ce pouce s'arrête. J'ai envie de courir. Je ne cours pas. Il m'accompagne jusqu'au métro. Il insiste de nouveau. *Vous êtes sûre ?* Le sourire triste, comme si je l'avais laissé tomber, comme si je l'avais lésé.

Au revoir ! Pas ma voix – aiguë, rauque, effrayée. Je cours.

Il ne s'est rien passé et j'ai envie de pleurer ? Ils disent que ce n'est rien afin de me réduire à rien. Ce n'est pas rien. Ce sont des menteurs.

11H

AVIS D'EXPULSION

de LYDIE SALVAYRE

Expulsion pour troubles causés au voisinage, voilà ce qu'il m'a balancé l'huissier.

Et il a précisé : Pour troubles répétitifs excédant les inconvénients normaux du voisinage après mise en demeure dûment motivée de votre bailleur Monsieur Lornac.

Qu'est-ce que je pouvais répondre à ça, moi ? Que j'avais toujours payé mon loyer. Que je tenais parfaitement mon ménage. Que quand mon mari s'énervait, personne arrivait à le calmer. Qu'il allait sans doute s'améliorer du caractère. Qu'il me l'avait juré…

L'huissier impassible a continué de lire son avis d'expulsion : Les attestations versées au débat font état de nuisances sonores de jour comme de nuit,

surtout de nuit, je lui ai dit, ça l'inspire,

de bruits de rixe,

de rixe ? de baffes dans la gueule oui !

de hurlements,

mais comment tu réagirais toi si on t'arrangeait le portrait, je lui ai dit en moi-même,

de jets de projectiles,

mon mari quand il a bu, Monsieur l'huissier, il fait valser tout ce qui lui tombe sous la main, la vaisselle, les chaises, les lampes, les cendriers, le réveil, et moi, surtout moi. Mais pas la télé, non, la télé pas touche, la télé c'est sacré,

d'insultes et de menaces, a continué l'huissier sur le même ton impassible.

C'est ça le pire, Monsieur l'huissier, je lui ai dit. C'est ça qui fout le plus la honte, les méchancetés, les insultes, les je vais t'en mettre une, je vais te buter salope, tu vas t'en mordre les doigts de faire ta petite pute, toutes ces horreurs qui lui montent à la tête quand il a bu.

Les troubles ont excédé les inconvénients normaux de voisinage comme il est également établi par plusieurs témoignages, a continué l'huissier.

Par plusieurs témoignages ! J'ai pas pu m'empêcher de crier. Mais pourquoi ils sont pas venus me le dire à moi les témoins ? Pourquoi ? Pourquoi ? Je leur aurais tout expliqué moi.

L'huissier n'a pas répondu, et il a fini de lire son avis d'expulsion sur le ton de quelqu'un qui lit un mode d'emploi : Pour manquement à l'usage paisible du local loué, je vous fais donc itératif commandement de…

Mais j'ai pas écouté son itératif commandement. J'ai mis la photo de ma mère dans mon sac, mon téléphone, mes lunettes, mes papiers, toute ma fortune quoi. Et hop je suis partie. Direction nulle part. Pas compliqué comme adresse !

12H

LE CRI DÉFENDU

de JO GÜSTIN

Quand ton nourrisson pleure, à ce qu'il paraît,
même quand tu es au travail, tu le sais :
tu as une montée de lait.
Tu as les seins qui tirent et qui vont exploser.
Tu as une envie pressante d'aller le soulager.
C'est un peu ton supplice que tu soulages aussi.

Il nous faut cette urgence quand c'est une fxmme qui crie,
de prendre sa défense, qu'elle soit transgenre ou cis.

J'étais même pas au drive, je travaillais au froid.
J'entends sur le parking pousser des cris d'effroi.
Je reconnais ce cri. Nouvelle fxmme, même cri.
Elle est au volant, des gosses sur la banquette,
du sang sur les dents, une bosse sur la pommette.

C'est une histoire de rétro, on me dit :
elle a amoché la Fiat du gars, enfin, on croit.
C'est une histoire de macho, moi je dis :
il a amoché une fxmme, je m'en tape du pourquoi.

Je n'ai plus aujourd'hui l'excuse de la stupeur,
on va faire comme on a dit, comme on s'était promis, la fois où on a eu peur.

Il nous faut le réflexe quand c'est une fxmme qui crie,
de sauver notre espèce, qu'elle soit transgenre ou cis.

"c'eSt *mA* fEmMe, j'FaIs cE QuE J'vEUx. JoUe pAs AU bOnhOMme", qu'y m'dit.
Pourquoi, il fait quoi, le bonhomme quand c'est une fxmme qui crie ?
Il intervient ? T'éclate la gueule ? Empêche un autre féminicide ?
C'est une fxmme, il ferme les yeux, comme tout le monde ici.
Tu me diras, il réagit, le bonhomme, dès que tu lui confies
que le pote du pote de son pote t'a violée, il aura cet instinct de solidarité, de venir consoler l'homme qui t'a tourmentée.

Voilà ce qu'il fait, le bonhomme : il défend des bonshommes qui s'accordent en genre et en nombre
de couilles, avec sa définition de bonhomme.

Il nous faut cet instinct quand c'est une fxmme qui crie,
de lui venir en soutien, qu'elle soit transgenre ou cis.

Non, Bertrand, je joue pas au bonhomme.
Je joue à la mignonne qui va te faire bouffer ton acte de naissance.
Celle qui a dû préparer son mental pour la circonstance,
à coups d'ateliers d'autodéfense.
Celle qui s'est répété, assez pour ne plus trembler, qu'à la prochaine occase, elle passe en mode Sauvage !

J'AI EN MOI CETTE VALEUR DE RÉPONDRE À CE CRI, DE LUTTER POUR UNE SŒUR, QU'ELLE SOIT TRANSGENRE OU CIS-GENRE OU D'UN AUTRE GENRE, DU GENRE QUE T'ASSASSINES !

Ma chérie, tu le veux comment, ton mari ?
Bien saignant ou à poings par centaines dans la gueule ?
Et un peu de mayo pour te redonner la frite ?
Il y a du ketchup bio, il en produit tout seul.

Ce sera tout ? Vraiment, tu veux même pas de boisson ?
Voici un Filet-O-Fiche le camp.
Cadeau de la prison.

13H

MON HARCELEUR

de LIZE SPIT

Traduit du flamand par Emmanuelle Tardif

Je suis une femme qui se déplace du point A au point B, sans rien demander à personne.

“Hé, princesse, tu fais la gueule ?”

Pas besoin de contact physique pour avoir la sensation qu'on vous touche, parfois un seul regard suffit.

Il baisse encore un peu sa vitre, me suit deux rues plus loin. “Allez, monte…”

Il continue de rouler au pas derrière moi. Il ne se rend plus nulle part : à présent, c'est moi sa destination.

Je prends à gauche, à droite, je n'arrive pas à le semer. Si on était dans Super Mario Land, je pourrais me sauver, bondir sur une plaque d'égout et resurgir quelques kilomètres plus loin, mais ceci est la réalité, impossible d'y échapper, à chaque coin de rue on se retrouve dans une situation pareille à celle-ci.

Combien d'hommes en ont fait leur routine – écumer la ville à pied ou en voiture ? Les fesses qui ne veulent pas être abordées n'ont qu'à rester chez elles…

Nous sommes presque toujours impuissantes lorsqu'on nous siffle dans la rue, lorsqu'on nous parle de notre cul, de notre beauté, de "faire un tour ensemble". Nous ne pouvons pas nous retourner d'un air furieux, car ce serait accorder à ces hommes l'attention tant désirée, mais en poursuivant notre chemin sans protester, nous acceptons du même coup le compliment, leurs paroles se plaquent sur nos fesses comme un autocollant qui ne se détachera pas de toute la journée.

Seulement, cette fois-ci, je ne les laisse pas faire. Je m'arrête. Je retourne la situation en me retournant, moi.

"Non mais réponds… Pourquoi tu fais la gueule ?

— Laisse-moi tranquille. Je ne fais absolument pas la gueule !

— Pourquoi tu me rends pas mon sourire, alors ? T'es trop jolie pour tirer la tronche !"

Il me voit prendre mon téléphone. Sa voiture aussi s'est arrêtée. Il se penche pour ouvrir la portière.

"Allez, monte !"

Brandissant mon appareil, je m'approche de la vitre ouverte.

Enfin une qui mord à l'hameçon, se dit-il visiblement. On dirait qu'il a du mal à y croire, il me regarde d'un œil gourmand.

“Je fais juste un selfie de nous deux. Attention, le petit oiseau va sortir !”

Ce n’est pas ce qu’il avait prévu. Il doit se ressaisir, il ne sait plus comment se mettre. Mais une photo, ensemble, c’est mieux que rien. Il prend l’air le plus viril possible, pouce levé, sourire fier.

Pourtant, la situation le gêne manifestement. Je me tiens au premier plan, lui dans un coin à l’arrière. Ce n’est pas le chasseur qui pose avec sa proie, c’est la proie qui pose avec son chasseur.

Clic.

Il n’a même pas eu l’occasion de dire non, de refuser. D’une pression sur la touche déclencheur, je nous immortalise, je récupère ce qu’il m’a pris.

Je ne ris pas, je n’esquisse même pas un sourire.

14H

JE SERAI REINE

de LOLA LAFON

Le premier jour du stage je t'appelle Monsieur. Tu me reprends : pas de chichis. On forme une équipe une famille.

J'ai acheté un carnet dans lequel je note ce que tu dis aux entraînements.

Le troisième jour, tu me demandes mon âge. Tu aimes les chiffres. Les grammes qu'il faut perdre, les centièmes de point que vaut une réception de double lutz. Tu aimes les onze plus que les quinze. Les filles de quinze ans tu les traites de mémères cellulitieuses. Je suis la seule onze du stage, tu dis que je serai reine. Si je me renforce.

Tu dis qu'on va s'y employer ensemble, main dans la main. Ta main, sur la glace, me rattrape me redresse me sécurise. Tes mains m'applaudissent quand je réussis. Le soir, quand on éteint la lumière dans la chambre que je partage avec une quinze, elle soupire que j'ai trop de chance d'être la chouchoute.

Trop de chance. Au téléphone, mes parents aussi agitent ma chance. Le stage n'est pas donné, c'est un sacrifice qu'ils sont contents de faire du moment que j'en profite.

Le quatrième matin, tu distribues le règlement des compétitions internationales, les concurrentes ne doivent pas s'arrêter de patiner plus de trente secondes sur les cinq minutes du programme. Il faut faire avec : le point de côté, le cœur qui cogne, l'abducteur qui vrille. Continuer quoi qu'il arrive.

Dans mon carnet je note, tu dis qu'il faut quatre-vingt-dix secondes pour que le geste s'imprime aux fibres musculaires. Si ça ne fait pas mal c'est qu'on n'a pas assez travaillé, dis-tu.

Je suis trop tendue tu dis. J'inspire j'expire. Me détendre. Penser à autre chose.

J'ordonne à mes cuisses à mon ventre de lâcher prise. D'obéir à tes ordres chuchotés. Tes doigts, surtout l'ongle du majeur qui m'érafle dedans, et la salive sur tes doigts la première fois que. Tu rentres dans ma chambre la nuit. L'haleine âcre d'épices et de viandes grasses, ton dîner dans ma bouche. Ton halètement tape d'un coin à l'autre de mon silence.

Au matin, quand je réussis une pirouette Biellmann, tu dis que décidément je sais tout faire, tu me fais un clin d'œil. Au déjeuner, je vomis.

Mon avenir me tend les bras, me dit mon père au téléphone. Ce sont les tiens.

Tu aimes les chiffres toujours. Dans le bureau de la juge, hier, tu comptes : vingt-cinq ans pour porter plainte, vraiment ? Tu ne te souviens plus vraiment de moi. C'est que madame la juge j'en ai vu passer des gamines. Tu aimes les chiffres mais tu comptes mal, moi j'ouvre mon carnet à la page 20, dernier jour du stage en 1990, cette page sur laquelle tu as signé et écrit ceci : *à ma petite fiancée*.

15H

GLOSS

de KERRY HUDSON

Traduit de l'anglais par Florence Lévy-Paolini
et Anna Souillac

Je veux changer de mère.

Cet après-midi, elle était dans la cuisine, penchée sur sa planche à découper. Ça empestait l'oignon. Ses épaules se sont figées mais elle n'a même pas relevé la tête. Pas un bonjour, pas un mot pour montrer qu'elle m'avait vue. Je lui ai dit de quoi on m'avait traitée à l'école : pute. Elle a tranché un autre oignon.

— Pute ? a-t-elle demandé mais toujours sans lever les yeux et comme si elle s'adressait à la planche à découper. Et alors ? Les insultes, ça ne blesse pas. Ce ne sont que des mots. Grandis un peu.

Je suis restée là, à fixer ses épaules voûtées. J'ai eu envie de lui dire que je n'avais rien demandé. Qu'à vrai dire, je n'avais pas réalisé que j'avais changé jusqu'à sentir régulièrement les regards insistants des hommes sur mes seins. Je pensais encore être une fille mais eux ne voyaient plus qu'une femme, une possibilité. J'ai eu envie de lui dire que ma meilleure amie Nicole a d'abord arrêté de manger certains aliments, puis qu'elle a arrêté de manger tout court pour ne pas changer, comme si elle espérait pouvoir disparaître, purement et simplement. J'ai eu envie de dire à ma mère que, les insultes, ça blesse. Que ça fait mal comme un coup de poignard.

Mais je n'ai rien dit de tout ça.

Devant la maison, il y a un kiosque à journaux. Sur les couvertures des magazines, des femmes rayonnantes, tout en nichons, en cul et en dents. Pourquoi ce ne sont pas des putes, elles ? Honnêtement, j'ai de plus en plus l'impression qu'on est obligée d'être belle, qu'on est obligée d'être sexy. Sinon on n'est personne. Et certainement pas une femme. Ne jamais être grosse. Et pas question d'avoir l'air négligé. Ne pas être frigide. Tout sauf frigide. Et où se situe, j'ai besoin de savoir, j'ai besoin de poser la question à ma mère, cette limite invisible entre être une pute et être ce qu'on attend de moi ?

Je sais bien que je ne dois l'admettre sous aucun prétexte mais je me trouve quand même belle. Et je sais que ma force vient de là. Oui, je n'ai aucun pouvoir sur les changements de mon corps mais regardez ces lèvres charnues, elles sont ma nouvelle puissance, une puissance explosive, dangereuse, indestructible. Voilà maman. Elle aura probablement un mot gentil, un conseil sage. Après tout, c'est une femme et elle vit dans ce monde elle aussi, n'est-ce pas ? N'est-elle pas censée comprendre ? Quand jc lui souris, l'odeur de mon gloss à la fraise s'envole dans la chaleur de la nuit. Mais avant que je ne puisse dire quoi que ce soit, elle se met à crier : "C'est quoi ce maquillage ? Ils ont bien raison de te traiter de pute."

Je décide de lui tourner le dos et d'ignorer tout le reste de ce qu'elle a à me dire.

16H

TERMINAL F

de FABIENNE KANOR

Mon premier réflexe, quand les CRS me plaquent au sol, est de m'assurer que je m'appartiens encore. Que mon corps illégal m'a suivie dans ma chute. Qu'on ne m'abîmera pas avant de m'expulser. À cause des menottes qui entaillent mes poignets, je mets un temps de dingue à m'identifier. Visage : OK. Sein droit : OK. Sein gauche : OK. Ventre… Je hurle. Où est ma jupe ? J'en portais une avant que la horde ne rapplique sur le tarmac et ne me capture. Il doit s'agir d'une erreur. Jamais de ma vie, jamais, je le jure sur la tête de ma mère qui m'a tout appris, je n'ai exposé mes parties intimes dans un lieu public. Jamais, je le jure sur la tombe de mon père qui m'aurait dérouillée si je l'avais fait, je n'ai osé me mettre les fesses à l'air. Je suis une femme honnête, vous comprenez ?

Tout de même, je l'aurais su s'ils m'avaient arraché mon vêtement. Ils se seraient excusés : "Madame, vous avez perdu quelque chose",

“Madame, désirez-vous une couverture ? Il fait un temps de chien, ici.”

Le sol de Roissy-Charles-de-Gaulle est pour de bon glacial ce matin. C’est un sol sale que souillent des milliers de pieds sales et pressés. Un sol tellement gluant qu’il n’y a pas moyen de s’en dépêtrer, une fois par terre. Un sol d’un blanc tellement blafard que la moindre chose en couleur qui traîne saute aux yeux. Derrière la rangée des agents en rangers, il me semble distinguer ma jupe. C’est elle, je la reconnais, faite sur mesure et maintenant minable. Tassée en boule comme une moins que rien. Savent-ils combien je me suis sentie *class* en la passant, hier matin ? Combien, dans l’avion qui volait pour Paris, je croyais en ma chance et en mon bon droit ? Je donnerais beaucoup pour la récupérer, mais les mains de la horde en uniformes m’en empêchent. Les gueules de la horde me crient de ne pas bouger et de me taire *nom de Dieu, elle va la fermer, celle-là !* Je tourne la tête pour ne plus prendre leur haleine. Haleine de café et de chiclé menthe qui contamine mon oxygène. Non. Non, ce n’est pas croyable que des hommes acharnés à faire respecter la loi ne respectent pas les personnes. C’est insoutenable, leurs mains qui furètent en toute impunité mon corps, comme si elles espéraient en tirer quelque chose, comme s’il me restait encore quelque chose à cacher. Je suis nue et j’en mourrai de honte. À poil, et seule.

Mon dernier réflexe, avant de fermer les paupières, est de regarder la foule. Je regarde passer les voyageurs aux pieds sales et aux yeux pressés.

17H

PLS

de MYRIAM LEROY

Les gens disent que ce ne sont que des mots, qu'il faut faire abstraction, passer au-dessus. Les gens disent que la bave du crapaud… Mais si le corps humain est constitué à soixante pour cent d'eau, l'esprit est fait de cent pour cent de mots.

Vous savez, docteur – je ne sais pas si vous êtes docteur –, vous êtes docteur ?, au début je n'en faisais pas grand cas, au début je me disais que ça ne durerait pas, que si j'affamais la bête, elle n'aurait rien à ronger sur moi. J'avais du cuir en rab, tanné par les emmerdes réglementaires qui jonchent une vie de femme trentenaire.

Sauf que ça finit par s'éroder quand même ces choses-là.

La première fois qu'on m'a traitée de pute sur Twitter, ça m'a presque fait rigoler. Je n'étais pas une pute, je n'avais rien contre les putes, le mec n'avait pas d'argument, il avait dit pute comme ça, comme on se gratte le nez. Je ne me sentais pas concernée.

Je ne sais pas d'où c'est venu, pourquoi ces types m'ont prise comme sac de frappe. C'étaient mes copains, mes collègues, les copains de mes collègues. Je croyais en tant que consœur détenir un totem d'immunité, faire partie de l'équipe, du clan B, celui qui arbitre les élégances, pas celui qui se fait malmener. Il régnait alors sur les réseaux sociaux une ambiance de buvette et je pensais avoir gagné mes galons. Je riais aux blagues, je lâchais des pouces censés sceller des pactes de non-agression : les victimes, c'étaient les autres. Les greluches, les dindes, les filles trop blondes, les filles qui faisaient leur fille, qui tendaient le bâton ; car dans ce milieu t'as intérêt à te fondre et moi j'étais tellement dissoute qu'on ne m'emmerdait pas.

Jusqu'au jour où. Jusqu'au jour où quoi ?

Ç'a été mon tour. Une ligne de convergence qu'on appelle ça en météo, quand les vents se mettent à hurler dans la même direction. En l'occurrence, ma figure.

Un matin, je me lève, je fais ma ronde matinale sur les réseaux, ma pêche aux notifications avec ce nuage d'orage au-dessus de la tête qui m'accompagne depuis que j'ai reçu une photo de ma tronche collée sur un corps nu, et je tombe là-dessus. “J’aimerais éclater ta gueule de pute sur le trottoir.”

Et je le vois, mon visage explosé. Je le sens. Et je me la passe au ralenti, cette scène gore d’*American History X*, sauf que le grand Noir qui mord la dalle et doit ramasser ses gencives avec les doigts en miettes, c’est moi.

J’ai essayé la méditation, la boxe, les lamentations, et je suis arrivée au bout de mon imagination. Les gens disent que la bave du crapaud…

Mais vous pouvez m’échographier à présent : je suis constituée à cent pour cent de glaires sous la peau.

18H

JE BRÛLE

d'ERSI SOTIROPOULOS
Traduit du grec par Gilles Decorvet

Je brûle. Je brûle. Je brûle. Le voile se dissipe. Je n'ai pas mal. Ma tête pense. Elle s'arrête pas, ma tête. Je le vois, lui, prêt à se ruer furieux sur le pied-de-biche, l'empoigner pour me frapper, il disparaît, il revient, il vide sur moi un bidon d'essence. L'horloge au mur derrière lui marquait 18 h 10. La fumée acide me brûle les yeux, me bouche les narines. Il faut que je respire. Que je respire encore. Je le revois devant moi le flic au poste hier soir. Je suis en danger, je lui dis. Il va me tuer. Il hochait la tête avec sympathie mais dans ses yeux j'ai vu le doute et comme de l'ironie, finissons-en, madame, ça suffit, vous nous soûlez avec vos scènes de ménage, on a des affaires plus sérieuses à traiter ici, ils disaient, ses yeux. Rassurez-vous, nous prenons les choses en main. La même chose il y a un mois quand je m'étais rendue au poste, le visage couvert de bleus, les dents cassées, et il m'avait raccompagnée à la porte. Toujours très poli.

On en finit, monsieur l'agent. Cette fois, on en finit pour de bon. Je brûle. Ma tête s'arrête pas. Il reste juste une petite fissure. Respirer, respirer encore. Peut-être qu'il regrette, qu'il va revenir. Peut-être qu'il a changé d'avis… Qu'il va revenir m'asperger d'eau et me sauver la vie. Il va pas revenir. Il est jamais revenu. Il me retrouvait le lendemain, affalée sur le sol, glacée, mon sang était tiède – c'était la seule chose qui me prouvait que j'étais vivante. Chaque fois la même histoire. Son steak pas assez salé ou trop salé, il cognait. L'épicier m'avait regardée bizarrement, il cognait. J'étais fichue. La honte. Une putain de honte pour ce que j'étais, pour les coups qu'il me flanquait. Honte pour mes parents qui me regardaient sans rien dire, l'air de penser que j'y étais moi aussi pour quelque chose. Jusqu'au jour où j'ai foutu le camp, j'y suis arrivée enfin. Et j'ai commencé petit à petit à être moi-même, à voir mes copines, à rigoler. Mais c'était la pire année. C'est plus tard que je l'ai compris. La terreur n'avait pas de visage, ni d'heure. La terreur débarquait sans prévenir. À 5 heures du matin, à 4 heures de l'après-midi, à 11 heures du soir. On sonnait sans arrêt. Cachée derrière les rideaux je le voyais rôder dans la rue. On en finit, monsieur l'agent. Seule à entendre mon cri monter dans le silence, un hurlement atroce sans répit, comme ces dernières minutes qui me paraissent plus longues que toute ma vie. Le cri a duré un an. Personne l'a entendu.

19H

LE CHIGNON

d'AGNÈS DESARTHE

Il y a quelque chose qui ne va pas. Quelque chose qui ne passe pas. Une arête en travers de la gorge, ou un nœud à l'estomac. Sur le moment j'ai souri.

Je suis comme ça. Polie. Lente à la détente. Je réfléchis. J'aime ça. Réfléchir. Ma pensée me joue des tours. Elle emprunte des détours. Je pense oui, puis non, puis mais. J'argumente, je discute, j'affirme, je me contredis. Et je reprends au début. J'ai toujours fait ainsi.

Et, depuis l'enfance, on me dit : Toi, tu devrais être avocat. Avocat ou avocate ? Je ne sais pas. Là encore, je pèse le pour, le contre et je me demande si le fruit a précédé la robe. Le fruit vert à l'énorme noyau ou la toge aux trente-trois boutons (en l'honneur du Christ, me dit-on), une robe soyeuse, portée par les filles, comme les garçons. Avocate ? Pourquoi pas ? Je me suis donc inscrite en droit. En droit pour avoir le droit de dire et de contredire. Et me voici en cours, avec maître Dalila. Ce n'est pas son vrai nom, mais appelons-le comme ça. Maître Dalila m'interroge, il veut savoir ce que je pense de ci et de ça. Débattons, propose-t-il. Mes arguments sont prêts, aiguisés, bien en ordre. J'ai de la chance, me dis-je, car j'ai travaillé cette question. La question dont maître Dalila désire que nous débattions !

Alors en garde. Il attaque. Je contre. Il feinte. Je trouve le contrepied. Il hésite. Nouvelle attaque. Parade. J'ai l'avantage. Il le sent. Je le sais. Une fierté précoce me déconcentrerait. Je la mate. Il se gratte. Quelque chose le démange soudain, en haut du front.

Et c'est alors qu'il me lance : "Il vous va bien ce chignon." Ce chignon ? Ce… hein ? Ce quoi ? Mais enfin, nous parlions… "Les cheveux attachés, insiste-t-il. Ça vous va bien." Et je souris, parce que je suis polie. Parce que, depuis toujours, les femmes sourient quand on leur dit qu'elles sont jolies. C'est comme un réflexe. Inné ou acquis ? L'arête se plante à cet instant, en travers de ma gorge. Estoc inattendu d'un combat déréglé. Et depuis, elle est là. Elle ne passe pas. J'aurais dû dénoncer la triche. Mais c'était trop tard. J'avais souri. Traître sourire. Sourire soumis. Sourire qui fait de maître Dalila le vainqueur d'une joute truquée. Un à un, sous ses yeux attendris, je brandis d'une voix minuscule, d'une voix de souris, les pauvres arguments qui me restent, à présent racornis. J'aurais dû claquer la porte. J'aurais dû crier. Le gifler. Si tu lui montres ta colère, tu auras deux fois perdu, me dit une voix. Alors, bravement, je soutiens son regard et je garde mon chignon.

20H

LIGNE DE TOUCHE

d'ANNE PAULY

Ben ouais, on n'a qu'à "laisser courir", comme tu dis, et puis ça se tassera. On avalera et on oubliera, comme à chaque fois qu'un homme s'autorise à dire et à faire n'importe quoi. Mais moi, tu sais, je vais avoir du mal à l'oublier, ce bouffon en Tacchini, cette terreur des stades. En vrai, je comprends même pas comment c'est arrivé. En plus, bonne pomme, j'ai commencé par m'excuser. Bonsoir, excusez-moi, j'ai dit, il est 19 h 30 et notre équipe est sur ce créneau. On a match et il faudrait qu'on s'échauffe. Pensez-vous avoir bientôt terminé ?

Parce que je lui demandais poliment s'il avait fini, il m'a regardée de la tête aux pieds avec une moue de dégoût avant de me dire : Dégage. Parce que je lui ai suggéré qu'il avait peut-être fait une erreur de planning, il m'a traitée, devant vingt ados, de salope, de grosse pute, de boudin, de connasse, de teuch à pattes, de bonhomme et de travelo. Parce que je lui ai fait remarquer qu'il devrait se tenir devant les enfants, il m'a hurlé à trois centimètres du visage : Je vais te faire bouffer mes couilles dans ta bouche. Et parce que Carole s'en est mêlée, il lui a tordu le bras et l'a poussée par terre. C'est déjà ça, remarque, il aurait pu lui fracasser la gueule.

Un instant, j'ai vraiment eu envie de me jeter sur lui et de lui crever les yeux à ce gros abruti avec son répertoire d'insultes en français facile et ses poses de coach à la mords-moi le nœud. Mais j'ai gardé mon calme. Pour que les mômes voient dans quel état il se mettait tout seul. Après, parce que je lui ai rappelé ce qu'il encourait légalement pour sa violence et ses insultes sexistes et lesbophobes, il a écarquillé les yeux, s'est tourné vers eux et, avec l'air supérieur de ceux qui viennent d'inventer l'eau chaude, il leur a dit : Alors, les gars, ces filles-là, c'est des lesbiennes, des grosses lesbiennes qui ont un match, donc on va devoir leur laisser le terrain pour qu'elles puissent s'entraîner. Mais avant de partir, on va les encourager : allez les jeunes, applaudissez les lesbiennes ! Là tous les ados se sont mis à brandir le poing et à nous huer. Bouh ! Les lesbiennes, baaaah ! Ensuite, il m'a regardée avec un sourire satisfait, s'est penché vers moi et m'a soufflé : Je te laisse la place, lesbienne. Pauvre type, j'ai dit. C'est tout ce qui m'est venu. Vraiment, quelle répartie ! Des années d'argumentaires aiguisés, de "matchs pour l'égalité", d'"actions pédagogiques" et de "visibilité" mon cul dans tous les stades pourris de la région pour se faire démolir par un connard devant des gamins qui s'en foutent… et lui répondre "pauvre type". J'ai envie de dire : bravo la lesbienne !

Bon, on l'a gagné ce match, c'est vrai, et je devrais me réjouir mais j'y arrive pas. Tout mon corps tremble et je suis à deux doigts de pleurer. J'ai tellement la rage… Alors je sais que tu préfères "laisser courir", mais moi, tu vois, je vais quand même aller porter plainte.

21H

LES DÉTAILS

de NADIA BUSATO

Traduit de l'italien par Karine Degliame-O'Keeffe

Le pire, ce sont les détails.

La manière qu'il a d'écraser sa cigarette.

Sa chemise tellement années 1980.

Ce "Hé !" amical quand il interpelle le barman. J'aurais dû comprendre le regard qu'ils ont échangé.

C'est comme si je tenais dix pièces d'un puzzle qui en compte cinq cents. Je suis la boîte, toutes les pièces manquantes sont en moi, quelque part, et je ne sais pas comment les retrouver.

Avant que le médecin ne mette un nom sur ce qu'il m'a fait, je n'en avais entendu parler que dans les journaux. L'infirmier dit que j'ai "de la chance" : en général, ils agissent en groupe, décident de droguer une fille avec laquelle finir la soirée.

Son air convenable et soigné, comme son appartement, à quelques pas de mon bureau.

Je n'ai pas pu retourner travailler. Quand je pense qu'il peut continuer de faire à d'autres femmes ce qu'il m'a fait à moi, dans ce lit… et que je n'ai aucun moyen de l'arrêter… ça me rend folle.

C'est pour cela que je m'obstine à vouloir reconstituer une image sans équivoque de cette nuit-là.

Je ne le fais pas pour moi. Je sais que cet homme s'est servi de mon corps en s'assurant bien de ne pas me demander la permission. Je le sais parce que tout ce que je voulais, c'était passer une bonne soirée après une période de merde.

Oui, je voulais déguster un verre de ce vin à la couleur délicieuse. Rien de plus.

L'agacement sur son visage lorsque l'avocat invoque son droit de garder le silence.

Le bracelet en cuir tressé avec lequel il joue, machinalement, comme lorsqu'il m'a offert ce verre.

Je voudrais que mon mépris le transperce. Je reconnais cette légère odeur de talc qui flotte dans l'air : la même que ses draps dans lesquels j'ai failli vomir à mon réveil, à cause d'un mal de tête atroce.

J'ai soudainement la nausée au point de devoir quitter la pièce.

L'agent me rejoint dans les toilettes et essaie de me réconforter comme il peut : beaucoup de femmes sont dans mon cas, on ne se souvient de presque rien, on ne peut rien prouver. Il dit que c'est normal de ressentir de la colère, de l'impuissance. Médecins, policiers, avocats, ils me disent tous que mon histoire ressemble à toutes les autres puis me regardent avec une sorte de compassion.

La banalité de ses gestes au réveil.

La manière qu'il a de m'interpeller avec ce “Hé !” lorsque je sors de chez lui.

Son paillasson gris, les murs de la cage d'escalier de la même couleur.

Quand je suis revenue dans la pièce, il avait déjà signé et s'en allait.

La banalité de son corps, son dos légèrement courbé.

La même expression sur les visages des deux agents et de l'avocat qui me répètent que, sans preuve, ils ne peuvent rien faire.

Moi qui prononce ces mots sans aucune émotion : “Il recommencera.”

Pour la première fois, le poids de leur silence me donne l'impression de n'être qu'un morceau de chair morte.

22H

FAN ZONE

de BLANDINE RINKEL

Je bouge pour m'en débarrasser, mais le truc reste.

J'avais convaincu Jade, qui a peur de la foule. Je l'avais convaincue de venir, pour la joie. Tu seras emportée, j'avais dit, tu vas voir ton corps va s'envoler, tu vas planer. Il ne faut pas avoir peur des foules : tu deviens la joie. La France venait de gagner et nous n'étions plus que ça. Une seule et même joie. Du dessus, on devait ressembler à une armée de fourmis qui bondissent. Jade s'était peint les joues en bleu, elle avait l'air d'un Schtroumpf. Je m'étais moquée. Il y avait quelque chose de pur dans notre abandon à la foule et je pensais ça : la foule nous porte. La foule nous soutient et elle hurle. Nous ne sommes qu'un et nous hurlons. Un couple avait apporté un caniche bleu, blanc, rouge. Il avait l'air de ne pas comprendre ce qu'il faisait là, trimbalé de mains en mains. On avait ri. Le pauvre. Et pendant qu'on riait, tiens, j'ai senti quelque chose entre mes jambes.

Je me retourne pour comprendre, à deux doigts de dire pardon, excusez-moi – sauf que pas le temps. Je vois le pénis du gars derrière moi, posé sur ma cuisse, et sans même le vouloir, je crie. Son pénis en érection, le pantalon baissé, lui en train de se masturber sur ma cuisse. À un mètre de Jade, un sexe laid, géant, un sexe plus vaste que la foule. Putain. Je crie ça par réflexe, même pas pour lui. Je ne vois pas ses yeux. Il ne doit pas avoir d'yeux. Une queue pour tout visage. J'attrape Jade par le bras, et je trace. Quelques mètres plus loin, je vois toujours le dos du type. Il y a bien vingt personnes autour, plusieurs ont vu, *ne peuvent pas ne pas avoir vu*. Toutes regardent ailleurs. Je ne comprends pas. Je pense au chien tricolore, au sexe, et je ne comprends rien. Je vais voir les flics : nous sommes là pour le terrorisme, ils disent, vous devriez porter plainte. Et moi : mais l'homme dont je parle est là, devant vous, il suffit d'aller lui parler. Non madame, un sexe n'est pas un terroriste.

Le chien français venait de passer à côté d'eux et là, je ne sais pas ce qui m'a pris : j'ai ri. Encore. Sauf qu'il n'y avait plus de joie. Jade me tirait le bras, et moi je riais. Je riais et je ne voyais plus ce qu'on faisait là. En quelques secondes, la foule avait changé. Elle était redevenue ce dont Jade avait peur. Un homme sans courage venait de frotter son sexe contre nous, et la foule avait fui. Elle nous avait lâchées. On venait de faire un slam dans une foule qui s'écarte pour vous laisser vous écraser. Et j'en voulais à ce type d'avoir voulu qu'on s'écrase, mais je lui en voulais surtout d'avoir changé la couleur de la foule. Je regardais les joues bleues de ma fille. Ce gâchis. J'aurais cogné pour sa joie.

23H

NUIT ROUGE

de KAOUTHER ADIMI

Il est assis en face de moi mais ne me regarde pas. Il me raconte son ex, Lise. Il parle, il parle, et moi je n'en peux plus. *Lise est partie un jour sans rien expliquer. Lise, Lise, Lise.* Je fais un sourire d'excuse en lui montrant ma cigarette et je me retourne vers la table d'à côté pour demander du feu. Ils n'en ont pas. La poisse. *Lise aussi fumait*, me dit-il, *mais uniquement des light.* Pauvre Lise, elle a bien fait de partir. Quand je pense que j'ai traversé la moitié de Paris en métro pour le rejoindre. Ne pas penser au métro. Ne pas penser à cet homme qui s'est frotté contre moi l'air de rien. J'aurais dû faire quelque chose au lieu de juste rougir. *Lise portait une robe bleue et maintenant c'est dur de voir des femmes en robe bleue.* Je crois que quelqu'un a écrit un jour sur la couleur des robes. Qui était-ce ? Je n'arrive pas à me souvenir de son nom. D'ailleurs, elle est jolie la robe rouge de cette femme au coin de la rue. Je n'ose jamais porter de rouge. Elle a l'air agacé. Qu'est-ce qu'il fait le sale type qui la suit ? Des bruits de langue, de succion ? *Lise aimait beaucoup ce café mais elle ne vient plus maintenant.* Oh, pitié, ta gueule ! Qu'est-ce qui m'a pris d'accepter ce rendez-vous. Et l'autre qui continue : *Sexe ! Sexe ! T'es belle en rouge.* La jolie femme se retourne vers lui, je le vois bien qu'elle n'en peut plus. Est-ce que quelqu'un s'est aussi frotté à elle dans le métro plus tôt dans la journée ? Elle lance au sale type : "Ta gueule !" Mais pourquoi s'empare-t-il de ce cendrier ? Oh ! Il l'a ratée de peu ! Elle ne s'enfuit pas, elle ne détourne pas le regard, elle le fixe droit dans les yeux. Mon Dieu ! Il l'a giflée ! Putain, mais il faut faire quelque chose, il va la tuer ! Il va la tuer ! Je suis debout. Je ne me souviens pas de m'être levée. Un gars à la table d'à côté attrape une chaise et se dirige vers le sale type qui hurle : *Sale pute !* La femme en rouge a la pommette qui enfle déjà. Elle a l'air choqué, la pauvre, mais elle ne pleure pas, ne vacille pas. *Tiens, elle ressemble à Lise, la fille en rouge.* Le sale type est parti. Je me tourne vers *elle*. Je demande si je peux faire quelque chose. Elle ne répond pas. Elle regarde droit devant elle. Et puis. Les mots de la femme en rouge à peine murmurés. Les a-t-elle vraiment dits ? Les ai-je imaginés ? "Surtout ne pas m'effondrer devant lui. Rester droite et digne." Je demande si je peux faire quelque chose. Elle se retourne vers moi. Une héroïne. Et dit : "Non. Rien. Je voulais rester droite et digne."

OOH

HOO

ELLE SERA BELLE

de CHRISTIANE TAUBIRA

“Elle sera belle ! la plus belle, avec sa jolie couleur café au lait.” Et il chantonnait *“Couleur café, que j’aime ta couleur café”*. Cette joie a duré quatre mois. Tant que nous faisions l’amour encore selon ses goûts. Ça s’est gâté quand j’ai dit non à certaines de ses lubies, que je me dérobais, prétendant des nausées. Je n’avais plus le choix, j’avais trop peur de perdre mon bébé, d’abîmer ma petite fille, ma perle, mon rayon de lumière. C’est pour elle que je tiens bon car tout s’est assombri depuis qu’il s’est mis à hululer comme un rapace de malheur.

Nous sommes au huitième étage. Je vois scintiller la tour Eiffel cinq minutes toutes les heures. Il est rentré soûl. Comme enragé depuis que minuit a sonné à l’horloge de la mairie. C’est comme ça tous les soirs. Ça fait deux heures qu’il titube, se cogne à la table, aux chaises, qu’il insulte ses démons. Et qu’il me lance tout ce qu’il trouve. L’appartement n'est pas grand mais il est plein de bibelots. De petits masques en bois, des cendriers en verre, un sablier en plastique, un lion en bronze, des coquillages, des sous-verres en bois verni, un saxophoniste taillé dans la pierre, une reine guerrière en bronze portant une lance, un petit globe avec de la neige qui papillonne autour de Notre-Dame, un réveil à quartz, même la télécommande y passe. La plupart de ces bibelots, c'est de ma faute. J'esquive. Sans grands mouvements. L'habitude. Ça l'amusait de voir mon ventre s'arrondir. C'est vrai que c'était drôle de voir cette boule se former. Puis les bosses rapides des coups de pied et coups de coude qu'elle commençait à me donner. Alors, je fredonnais. *Angola* de Cesária Évora. C'est idiot, car sa deuxième terre, ce sera le Sénégal. Ça fait huit mois maintenant que ma petite fille habite mon corps. En journée, il lui arrive d'être tendre et attentionné. La semaine dernière, il est rentré tout frétillant avec le berceau et un matelas. Il a laissé le petit matelas dans son plastique, il dit que ça va rester plus propre. J'ai de plus en plus peur pour mon bébé. Par chance, il ne me frappe pas au ventre. Mais il m'étrangle. Mon cou ressemble à un coupon de wax qu'on a repeint plusieurs fois. Une nouvelle couche de teinture bleue et rouge, dès que la précédente a un peu séché. J'aurais dû me méfier depuis le début avec cette chanson. Cette histoire de couleur café et de danse avec des bracelets aux pieds, c'est que de l'esbroufe.

Et la plainte, elle fait quoi ? elle donne un logement… ?

01H

UNDER CONTROL

de NIVIAQ KORNELIUSSEN

Traduit du danois par Christine Berlioz
et Laila Thullesen avec l'aide de Frédéric Fourreau

Je me suis vraiment gratté la chatte dans ce vestiaire ? Est-ce qu'il la regarde, cette vidéo, à cause de laquelle il a été renvoyé, en se disant que cela ne valait décidément pas le coup ? Sale con, je voudrais bien savoir combien de corps de femmes à moitié nus il a matés en se branlant, c'est ce que j'ai écrit sur Facebook, mais je l'ai effacé après. Qu'est-ce qu'on dit, qu'un enfant sur trois est agressé sexuellement ici, au Groenland ? Et moi, je fais toute une histoire, parce qu'un connard de chef m'a matée pendant que je me grattais la chatte ? D'ailleurs, est-ce que je me suis vraiment gratté la chatte ? Tu connais cette sensation, quand tu as trop bu et que tu as baisé avec quelqu'un qui, en temps normal, ne t'attirerait pas du tout, et qu'elle y est allée un peu trop fort et que tu t'es trop ouverte, que tu as gémi trop fort et fait des choses que tu fais seulement dans tes fantasmes les plus lubriques, et que tu te réveilles le lendemain et que tu ressens du dégoût, du dégoût envers ton propre corps, et que tu sens que tu as été manipulée pour en arriver à baiser comme ça avec elle ? C'est exactement ce que je ressens. Il ne m'a pas touchée, seulement une fois, au moment où nous nous sommes serré la main quand j'ai commencé ce travail. C'est sûrement avec la même main qu'il se branle en ce moment, en me regardant me pencher pour enlever mes chaussures. Il trouve peut-être que je suis trop grosse ? Qu'il n'aurait jamais dû m'engager alors que je n'avais pas le corps idéal pour se branler ? J'ai été renvoyée, parce que je me suis plainte de mon chef qui m'avait filmée à mon insu, c'est ce que j'ai écrit sur Facebook, mais j'ai eu peur que les gens réagissent en postant des smileys qui ricanent et écrivent, Reprends-toi, pense à tous les enfants qui ont été contaminés par des MST, alors j'ai tout effacé. Je me demande si on pouvait voir ma fente, si je me suis vraiment gratté le cul, s'il est en train de montrer mon cul à ses amis et de dire en se moquant de moi : "D'accord, elle m'a fait virer, mais regardez, là, elle se gratte le cul." J'espère que personne ne l'embauchera jamais plus, mais c'est un vœu pieux, vu que si un politicien peut tapoter les fesses des femmes et être quand même nommé secrétaire du parti juste après, alors il y a de grandes chances pour que, lui, il ait déjà trouvé du travail, et pendant ce temps-là, moi, tout ce que je peux me payer, c'est des flocons d'avoine, tandis que, lui, il se pavane dans sa voiture, c'est vrai, je l'ai vu hier, quand je suis sortie acheter des raisins secs pour mettre dans mes flocons d'avoine, parce que j'en ai vraiment trop marre de les manger sans rien. J'ai baissé les yeux et j'ai eu honte quand je l'ai vu. Comme quand j'ai dû aller le dénoncer et que mes collègues me regardaient comme si j'étais une femme blanche privilégiée. Je vais attendre un peu avant de poster un message sur Facebook, au cas où, pour se venger, il posterait la vidéo où on me voit me gratter la chatte. J'espère vraiment que je n'ai pas fait ça.

02H

FANTÔME

de MONICA SABOLO

Qu'est-ce que je croyais ? Qu'elles poseraient sur moi leurs beaux yeux maquillés, qu'elles me souriraient comme si elles me connaissaient ? Quand je les ai vues, les deux femmes juges, leur robe noire, impériale, j'ai pensé, ça va aller, maintenant. Elles vont leur dire à tous, "Non, ce n'est pas sa faute", ces mots que même ma mère n'a pas réussi à prononcer, même quand, à l'hôpital, ils ont dit qu'il fallait me recoudre car j'étais déchirée, à l'intérieur, même quand ils ont trouvé ce truc chimique dans mon sang, la drogue des violeurs. Je sais ce que les gens pensent : elle est pas normale, cette fille, et d'abord qu'est-ce qu'elle foutait là, la nuit, dans ce parking, avec ces types ? J'ai pensé, les femmes juges, là-haut, sur l'estrade, avec leur robe noire et leurs lèvres rouges, elles vont leur dire.

Et puis, quand la première a déclaré que mon témoignage était "douteux", j'ai senti que ça glissait, comme si j'entrais dans un bain trop chaud. Ensuite, comme dans un rêve, comme si je n'étais pas là, elle a dit que, de toute façon, les deux garçons ne m'aimaient pas, qu'ils avaient déclaré qu'ils me trouvaient moche, qu'ils m'appelaient la Sorcière. La juge, elle a dit ce mot "moche" sans même me regarder. Puis, avec ses beaux yeux fardés et ses cheveux bouffants, elle a ajouté que, en effet, je n'étais pas très séduisante, plutôt masculine, comme on pouvait le voir sur les photos du dossier, que j'avais pu tout inventer. J'ai regardé l'autre femme juge, je me suis dit, elle va réagir, mais, non, elle avait l'air d'accord, elle jouait avec son bracelet, le genre de bracelet des filles qui ont le droit de dire qu'on leur a fait mal. Car les filles comme moi, qui n'ont pas de beaux yeux maquillés, pas de cheveux soyeux, on peut être traitée de mocheté, de menteuse, devant tout le monde, ça oui, mais violée, non, on ne peut pas, même si on doit être recousue, qu'on a mis de la drogue dans notre verre, on ne peut pas. Je me disais, moi j'aime bien les sorcières, mais je sentais ce trou au fond de moi, celui qui est là, depuis le soir dans le parking, depuis, j'ai l'impression que l'air passe à travers moi, comme si là, en bas, il y avait juste du vide, un trou de la taille d'un boulet de canon. Les femmes juges, elles existent, les garçons qui m'ont fait ça, ils existent, les gens qui pensent que je suis moche, ou que c'est ma faute, ils existent, mais pas les filles comme moi. Les filles comme moi, nous ne sommes pas là.

Nous n'avons pas d'émotions, pas de blessures, pas de corps. Nous n'existons pas, nous sommes des fantômes.

03H

DOMMAGE !

de ROSA MONTERO

Traduit de l'espagnol par Myriam Chirousse

Ahhhhhhhhhh !!!!!! Je crie et je crie et je crie. Ne me regarde pas comme ça, abruti, avec tes yeux furieux au-dessus du masque. Je crie parce que j'en ai envie, je crie parce que j'ai mal et crier me fait du bien, je crie parce que je suis en train d'accoucher, merde, c'est ma fille et moi qui comptons dans l'histoire, pas toi, crétin, même si tu te prends pour le roi de la salle d'accouchement. Ahhhhhhhhhh !!!!! Trois heures du matin, tant pis pour toi. Tant pis pour moi aussi, c'est vrai, mais tu veux que je te dise ? Te voir enrager me console plutôt bien. Bon, je n'ai pas pu t'empêcher de me mettre la perf d'ocytocine, cette drogue qui rend l'accouchement plus rapide mais augmente la douleur des contractions. Tu voulais accélérer l'arrivée de ma fille parce que dans quelques heures tu pars en vacances en Thaïlande et tu as peur de rater l'avion. C'est l'infirmière qui me l'a dit, elle te hait elle aussi. Et me voilà : moi, la primipare âgée (comme tu m'appelles avec mépris), à trois heures du matin, et qui n'accouche pas.

Ahhhhhhhhhhhh ! Ferme-la, salaud de toubib. Ferme-la ou ça va aller très mal pour toi. Parce que je suis peut-être une primipare âgée, mais pas une idiote. Alors quand mon médecin a eu cet accident et qu'on t'a envoyé le remplacer, je t'ai trouvé tellement mufle et grossier que j'ai interrogé saint Google pour voir qui tu étais. Et… bingo !!!! Tu es ce salopard dont on a parlé dans les journaux il y a deux ans… Ce sale type qui en avait tellement rien à faire et est tellement pressé d'en finir qu'il a tiré comme un sauvage sur le cordon ombilical de la femme et lui a retourné l'utérus. Ahhhhhhhhhhhhhh !!! Ce cri, c'était pas une contraction, c'est l'horreur d'imaginer sa douleur. Et pendant qu'elle gémissait et implorait, cet animal qui me regarde avec ses yeux furieux lui hurlait : Ferme-la et pousse ! Ferme-la et pousse !

AHHHHHHHHHHHH !!!! Là oui, je crie parce que j'ai mal, mais aussi pour donner une voix à ta souffrance, ma sœur. Après cet accouchement cauchemardesque, il a fallu te faire une hystérectomie, tu n'as plus pu avoir d'enfant et toute cette détresse a brisé ton mariage. C'est ce que disait le journal.

Ahhhhhhhhh ! Quelle tristesse et quelle injustice : c'était pas un cri, c'était une lamentation.

Il a été condamné à huit mois de prison et huit d'interdiction d'exercer. Ça me paraît peu, mais c'est déjà ça. Et le voilà entre mes jambes, cet enfoiré de coupable. À faire des remplacements. On dirait que ça ne va pas très bien pour lui. AHHHHHHHHHHHHH !!!!!!! Ce cri, c'est comme ça, juste pour le plaisir de lui perforer la cervelle. Il est presque quatre heures du matin, je le vois sur l'horloge murale. À partir de quatre heures, il ratera son avion, c'est l'infirmière qui me l'a dit. Ahhhhhhhhhhh. Tu peux me regarder avec tes yeux haineux, salaud de médecin, mais fais bien attention à ce que tu fais. Ferme-la, parce que tu as des antécédents et l'infirmière a un mini-enregistreur dans sa poche, dans un gant chirurgical.

Ahhhhhhhhhhhhh !!! Je sens ma fille. Elle est presque là. Quatre heures du matin. La primipare âgée et sa fille t'ont fait rater ton voyage en Thaïlande. C'est vraiment dommage.

04H

EMPRISE

de CHLOÉ DELAUME

Quand je l'ai rencontré, je me suis dit : les contes de fées existent. C'était vraiment le prince charmant. Il était sûr de lui, et très charismatique. Il avait trente ans, moi vingt-trois. Je n'avais pas confiance en moi, je me trouvais quelconque. J'étais tellement flattée qu'il s'intéresse à moi. Il était prévenant, gentil, attentionné.

J'étais persuadée que c'était le bon, on a emménagé tout de suite. Il disait qu'il m'aimait comme personne ne m'avait jamais aimée, comme personne ne m'aimerait jamais. Il me disait que j'étais à lui. Je croyais que c'était ça, l'amour.

Il était très jaloux. D'absolument tout le monde. Mes collègues au bureau, le voisin, mes amis. Il me disait que j'étais sa femme, sa femme à lui, à lui tout seul. Que je n'avais plus à me mettre en jupe, ou à me maquiller, ni me vernir les ongles. Un simple trait de crayon sous les yeux et il explosait, il me disait que j'avais l'air d'une pute. Que je le faisais exprès, pour attirer les hommes, que je voulais le tromper, que ça le rendait malheureux. Il m'insultait, et puis pleurait. Je ne savais pas quoi faire pour le rassurer.

Même ma meilleure copine, je ne pouvais plus passer de temps avec elle. C'étaient des crises, d'énormes crises, dès que je le laissais seul, que je m'éloignais de lui. Il ne supportait pas ma famille. J'ai fini par ne plus sortir. Je ne voyais plus personne.

Il avait de l'expérience, il savait ce qui était bon, pour notre couple, pour nous, pour moi, je l'écoutais. Et puis quand il partait dans ses grands raisonnements, je ne comprenais pas toujours, je ne sais pas comment dire, au final je finissais par croire que j'avais toujours tort, quel que soit le sujet.

Très vite, il m'a fait des reproches. Au début, c'étaient des petits riens, des remarques sur mon poids, ma coiffure. Ma façon de faire la cuisine, de plier et de repasser le linge. Une fois, il a hurlé à cause d'un faux pli sur sa chemise. Je ne faisais rien comme il fallait, je n'étais bonne à rien. Je le décevais toujours, et ça, ça me faisait de la peine, une peine folle. Quelques jours passaient, et puis il s'excusait, et me faisait des cadeaux, et l'amour. C'était toujours le chaud et le froid, je ne savais pas à quoi m'attendre.

Ça a duré cinq mois. Les crises s'intensifiaient, il y en avait chaque jour. Il répétait sans cesse que j'étais une merde, que je ne servais à rien, que j'étais un poids mort. Moi qui avais l'impression de n'être rien sans lui, je le rendais malheureux, je le faisais souffrir. J'étais désespérée.

Un soir pire que les autres, les reproches et les insultes n'arrêtaient pas de tomber. Il était tellement dur, cassant, froid. Je me suis dit que c'était vrai, que j'étais une erreur, que je ne faisais rien de bien, que je ne servais à rien. Qu'il serait mieux sans moi. Que je ferais mieux d'en finir. Je voulais que ça s'arrête. J'ai ouvert la fenêtre. J'ai sauté. J'ai passé cinquante jours à l'hôpital. Je ne me suis pas réveillée.

05H

QUINZE ANS

d'ALOÏSE SAUVAGE

— Je sais pas pourquoi je me laisse toujours embarquer dans des trucs que je regrette après. Ma mère dit que je suis inconsciente. Moi je dirais que je m'ennuie.

À quinze ans, on a encore le droit de tenter des choses qui ne veulent rien dire non ?

— Le type de tout à l'heure devait avoir dans la cinquantaine, un peu dans la même tranche d'âge que ma mère ; ils auraient pu presque sortir ensemble. Enfin, je dis ça, je comprends rien à sa vie sentimentale et si je pouvais éviter de lui ressembler sur ce point-là ça m'arrangerait bien.

— Simon m'a demandé de venir et j'ai cru bêtement que c'était pour autre chose que de me demander d'entrer chez ce type en prétextant avoir mes règles le temps qu'ils essayent avec Adel d'embarquer sa motocross.

— J'ai couché avec Simon parce que toutes mes copines ne parlent que de ça. J'aurais sûrement pas dû parce que j'ai eu mal, parce que je ne l'aime pas au fond ; parce qu'on devrait toujours se sentir réellement prêt avant de devoir faire quoi que ce soit qui compte pour nous.

— J'ai remarqué que les gens sont hyper gênés avec les règles. Il suffit parfois simplement de prononcer "serviettes hygiéniques" pour que leurs joues deviennent toutes rouges. Record battu avec ce mec qui m'a indiqué ses toilettes en moins de trente-cinq secondes sans poser de questions : "Porte à gauche juste au bout du couloir, lumière à droite en entrant."

— J'aurais jamais pu devenir policier ; la posture que tu dois prendre à chaque fois pour faire semblant que tu fais peur. Ou que tu n'as pas peur.

— J'étais jamais entrée dans une voiture de police.

— Est-ce que je vais mourir ?

— Je me demande si les gens qui deviennent parents oublient qu'ils ont été des enfants. Si rien n'est plus comme avant. J'ai jamais osé demander à ma mère ce qu'elle ressent elle. J'ai l'impression qu'elle pourrait se mettre à pleurer d'un coup parce que ses émotions sont tellement verrouillées qu'il ne vaudrait mieux pas qu'elle les extériorise pour la première fois. C'est peut-être pour ça qu'elle aime d'une manière étrange, à la fois excessive et en même temps toujours très maladroitement exprimée.

— Qu'est-ce qu'elle devient elle, si son enfant devient parent à son tour ?

— Je ne sais même pas ce qu'ils disent, ils parlent fort. Je vois juste ce plafonnier vraiment moche qui éclaire ces quatre, cinq policiers qui s'agitent autour. Je crois que je viens de vomir. Le carrelage est glacé. Je suis sûre de l'avoir déjà vu à Ikea ce truc, on cherchait une ampoule pour ma chambre. Ma mère me disait que, petite, j'avais peur du noir, il fallait toujours qu'elle laisse la porte de ma chambre à demi ouverte. En fait, j'aimais tellement écouter ; parfois j'arrivais à capter des bribes de conversation et ça me rendait trop heureuse. J'avais l'impression de prendre de l'avance sur les choses.

— Parfois il faut savoir prendre son temps.

— Est-ce que je vais mourir ?

— J'ai si mal que j'avale plus de morve et de larmes que d'air pour respirer. Ils sont où Simon et Adel ? Je voudrais être dans les bras de ma mère et m'excuser. Pour tout ce que j'avais pas compris jusque-là.

Le policier – le même qui m'avait balancée dans la voiture tout à l'heure comme si j'étais un colis piégé – me met quelque chose dans les bras qui se met à crier dans ma nuque. Il me dit d'une voix presque attendrie "C'est une petite fille, ne vous inquiétez pas elle va bien, il fallait nous dire que vous étiez enceinte !"

Moi ?

Maman…

06H

H60

ÇA, C'EST MON CORPS

de GRAZYNA PLEBANEK

Traduit du polonais par l'autrice

J'ai les mains qui tremblent ? C'est l'adrénaline qui chute. Comme après les sparrings.

Ce que je faisais là-bas ? Je marchais. Comment ça, "trop tard" ? La rue, c'est pour les gens, non ?

Ce type est sorti de l'abribus. Je ne voyais pas son visage à cause d'un néon allumé derrière lui. Il m'a dit quelque chose, mais j'ai pas compris, je saisis pas tout quand on me parle vite en français, je connais pas assez bien la langue.

J'ai essayé de l'éviter, mais il m'a barré le chemin.

"Salope."

Mon cœur s'est mis à battre très fort. Ce mot-là, je le connais.

Le néon derrière lui s'est éteint un court moment. J'ai pu voir ses yeux. Il fixait mes seins. Il a répété : "T'es qu'une salope."

Comme on a honte, dans ces cas-là… Et une rage monte en toi. Une rage dangereuse…

Quelque chose a grésillé : le néon a grillé. Le type me regardait, le genre de regard qui précède un geste.

Mon entraîneur m'avait dit un jour : Quand tu ne sais pas quoi faire, reviens aux bases – gauche, droite, crochet, esquive.

Le type a levé le bras, il touchait presque mes seins.

Mon corps s'est tendu. Inclinaison sur le pied gauche et… un direct !

"Putain de merde, espèce d'enculé, sale merde, enfoiré…"

Ça jaillissait de moi tout seul !

Je l'ai vu tituber et se retenir au mur de la maison. Je ne pensais pas ce coup si fort, c'était un réflexe. Il tenait son visage dans les mains, du sang lui coulait sur les doigts.

J'ai entendu quelqu'un accourir du haut de la rue, un garçon qui avait déjà son téléphone à l'oreille.

"Qu'est-ce que vous lui avez fait ?!"

Le type était tombé à terre. Le garçon m'a dit que la police était déjà en route. Il m'a demandé pourquoi j'avais fait ça. J'ai dit : Par légitime défense. "Mais est-ce qu'il t'a frappée ?" J'ai répondu qu'il n'en avait pas eu le temps. Le garçon n'arrêtait pas de répéter : "Il t'a insultée, c'est ça ? Tu t'es fait traiter de salope ?

— Je ne me suis pas fait traiter…!"

Je déteste cette tournure en français ! Si on la traduit littéralement en polonais, ça donne :

“J’ai permis qu’on me traite comme ça, comme une pute.” Et moi, je ne l’ai pas permis !

Je me suis mise à crier :

“Il voulait toucher mes seins, putain ! Ça, c’est mon corps, putain, tu comprends ?... Je lui ai pas permis !”

J’ai eu peur. Putain, j’ai vraiment eu peur ! Peur de leur faire quelque chose, tellement ça bouillait en moi. Je me sentais comme si j’étais sur le point de tuer le monde entier…

Et puis, ces mots de l’entraîneur : “gauche, droite, crochet, esquive”, c’était comme un mantra…

Gauche, droite, crochet, esquive.

Ça. C’est. Mon. Corps.

Mon décolleté était trop profond ?

Gauche, droite, crochet, esquive.

Ça. C’est. Mon. Corps.

C’est pas une bonne heure pour les femmes…

Gauche, droite, crochet, esquive.

Ça. C’est. Mon. Corps.

Tu ne devrais pas te balader seule la nuit…

Ça. C’est. Mon. Corps.

C’est pas une heure pour les femmes…

… direct !

Quoi ?!

KO.

07H

SIGNES

d'ANGELA LEHNER

Traduit de l'allemand par Stéphanie Lux

Le café coule dans ma gorge, amer. Je sens encore les basses du club pulser dans ma tête. Je repense à la petite meuf avec le top à paillettes. Putain, comment j'ai pu foirer mon coup ?

— La place est libre ?

Je ne l'ai pas vue venir. Ses yeux bleus, une étincelle de vie dans ce bus plein de zombies.

— Encore debout ? je demande.

— Oui.

Elle sourit, s'assoit, pose un sac de produits d'entretien entre ses pieds. Effleure mon bras en enlevant sa veste. Exprès ? J'ai envie de lui parler un peu, mais elle s'endort tout de suite.

Elle est plus vieille que moi. Un réseau de fines rides au coin des yeux. Des Converse usées, un jean slim déchiré sur les cuisses : chair de poule. Un t-shirt large, vert pâle. On voit son soutien-gorge à travers. Elle sent la sueur, mais juste un peu. Ça m'excite.

Et si je lui demandais carrément ? Benny dit qu'elles disent toujours oui. Soudain sa jambe bascule, son genou contre le mien. Encore un signe.

Insert main – téléphone portable :
"Je te lèche la chatte ?"

Elle se réveille en sursaut, me regarde, hébétée.

Je lui montre mon écran. Ses lèvres remuent pendant qu'elle lit. Elle met quelques secondes à réagir. Secoue la tête. Je ne comprends pas. C'est elle qui est venue s'asseoir à côté de moi. Qui a souri en premier. Elle n'a peut-être pas bien compris la question ?

Je lui tapote l'épaule, lui remontre mon écran, tout près de son visage. Elle lève la main, mais juste trois doigts, comme si elle hésitait. Comme si elle n'était pas sûre. Je me penche vers elle pour lui chuchoter à l'oreille. Je lui explique. Et là d'un coup, elle se met à hurler.

— Va te faire foutre !

Tout le bus l'a entendue. Les gens lèvent les yeux de leurs portables.

Non mais quelle salope hystérique ! Je voulais juste rendre service. Je croise le regard d'une femme d'un certain âge, secoue la tête. La dame hausse les épaules, on échange un sourire.

Tout va bien, je me dis, tu n'as rien fait. Elle est écarlate. Une larme coule sur sa joue. Ça va, il ne s'est rien passé ! Il ne s'est vraiment rien passé du tout.

BIOGRAPHIES DES AUTRICES

KAOUTHER ADIMI

Née en 1986, Kaouther Adimi n'hésite pas à interroger l'intimité pour raconter les zones d'ombre de sa société méditerranéenne. Ses histoires luttent contre l'obscurantisme et, le plus souvent, dressent le portrait d'une jeunesse en quête de liberté. Sensation de la rentrée littéraire 2019, son roman *Les Petits de décembre* dépeint une Algérie baignée dans la corruption et les abus de pouvoir. Elle y souligne particulièrement la mobilisation des femmes : "ON A MÊME VU DES SLOGANS APPELANT À ÉLIRE UNE FEMME À LA PRÉSIDENCE. POURQUOI PAS ? C'EST PAR ELLES ET PAR LES JEUNES QUE LE CHANGEMENT ARRIVERA."

NADIA BUSATO

Née en 1979, Nadia Busato écrit pour le théâtre, la radio, le cinéma et la télévision. En 2018, son roman *Je ne ferai une bonne épouse pour personne* plonge le lecteur dans la vie d'Evelyn McHale, jeune femme qui se jeta en 1947 du haut de l'Empire State Building. De ce suicide inexpliqué, Nadia Busato tire un roman kaléidoscopique et magistral. Parallèlement à son travail d'écrivaine, elle collabore avec de nombreux magazines, et consacre une de ses chroniques aux violences faites aux femmes. Elle y recueille des histoires d'intimidations et de harcèlements sur le web. "LA GUERRE ENTRE LES SEXES EST LA SEULE QUI N'A JAMAIS PRIS FIN AU XXe SIÈCLE."

CHLOÉ DELAUME

Née en 1973, Chloé Delaume est écrivaine, performeuse et éditrice. Autrice de plus d'une vingtaine d'ouvrages, elle multiplie les hybridations et les genres : romans, essais, autofictions expérimentales, détournement de jeux vidéo ou chansons. Dans *Mes bien chères sœurs*, elle questionne sans filtre la violence patriarcale. Un livre puissant qui convoque la sororité comme solution politique. "IL FAUT FAIRE FRONT ENTRE FEMMES, ET SURTOUT, RECOURIR À L'HUMOUR POUR ATTAQUER." Choc littéraire public, le livre est unanimement salué par la critique. En 2020 elle reçoit le prix Médicis pour son roman jubilatoire *Le Cœur synthétique*.

AGNÈS DESARTHE

Née en 1966, Agnès Desarthe est une romancière à l'écriture joyeuse. Ses romans avancent à la manière de contes philosophiques, toujours émouvants et drôles. *Un secret sans importance* (prix Inter 1996), *Dans la nuit brune* (prix Renaudot des lycéens 2010), *La Chance de leur vie* (2018). Traductrice de Virginia Woolf, elle lui a également consacré un essai coécrit avec Geneviève Brisac. Dans son roman *Ce cœur changeant*, elle questionne un féminisme multiple, agressif, fraternel, imbécile ou intelligent. "ON VA LOIN DANS LES REVENDICATIONS ALORS QU'IL Y A ENCORE DES ÉCARTS DE SALAIRES ENTRE LES HOMMES ET LES FEMMES. COMMENÇONS PAR LE RÉEL AVANT DE S'ATTAQUER AU SYMBOLE."

JO GÜSTIN

Née en 1987 à Douala au Cameroun, Jo Güstin est écrivaine, humoriste, parolière et scénariste. Se définissant comme autrice de l'intersectionnalité, elle témoigne dans sa littérature de la difficulté à vivre une identité multiple : être une femme, noire et lesbienne. *9 histoires lumineuses où le Bien est le Mal*, son premier recueil, révèle une écriture désinhibée qui cherche à bousculer. *Ah Sissi, il faut souffrir pour être française !*, paru en 2019, est inspiré de son expérience du racisme en France dans lequel elle dénonce "UNE CULTURE DU VIOL ET DU VOL JUSQU'AUX PLUS HAUTES SPHÈRES DE L'ÉTAT FRANÇAIS". Pour Jo Güstin, l'écriture est une véritable arme politique.

KERRY HUDSON

Née en 1980 en Écosse. Sans apitoiement, le thème de la pauvreté hante l'œuvre de Kerry Hudson. Son premier roman, *Tony Hogan m'a payé un ice-cream avant de me piquer maman*, l'a propulsée comme la nouvelle romancière du prolétariat britannique. Après avoir obtenu en 2015 le prix Femina du roman étranger pour son second roman, *La Couleur de l'eau*, elle publie son autobiographie *Basse naissance* en 2020. Elle y dévoile la brutalité et le dénuement dans lesquels elle a vécu depuis sa naissance : "1 MÈRE CÉLIBATAIRE, 2 SÉJOURS EN FAMILLE D'ACCUEIL, 9 ÉCOLES PRIMAIRES, 1 ENQUÊTE DE LA PROTECTION DE L'ENFANCE POUR ABUS SEXUEL, 2 AGRESSIONS SEXUELLES, 1 VIOL, 2 AVORTEMENTS."

SIRI HUSTVEDT

Née en 1955, Siri Hustvedt a grandi dans une famille norvégienne du Minnesota. En 2003 son roman *Tout ce que j'aimais*, nourri d'art, d'amitié et de psychanalyse, lui vaut une renommée internationale. Son œuvre est aujourd'hui traduite dans plus de trente langues. Récompensé par le prix européen Charles Veillon en 2019, son essai *Une femme regarde les hommes regarder les femmes* explore la place des femmes dans l'inconscient, l'art et la littérature. Une thématique qui lui est chère et qu'elle revisite avec humour dans son roman autobiographique, *Souvenirs de l'avenir*. "J'AI MIS UN TEMPS FOU À NE PLUS PENSER COMME UN HOMME. MAIS AUJOURD'HUI,

JE N'AI PLUS AUCUN MAL À ME DIRE ÉCRIVAINE ET FÉMINISTE."

FABIENNE KANOR

Née en 1970, d'origine martiniquaise, Fabienne Kanor est romancière et réalisatrice de documentaires. Elle est aussi maître de conférences en études francophones et africaines à l'université de Pennsylvanie. Tous ses romans interrogent le corps de la femme noire comme *séquelle* de l'histoire post-esclavagiste et postcoloniale. Et défendent l'idée d'une identité sans cesse à réinventer. Comme dans *Louisiane*, paru en 2020, qui mêle déracinement et quête des origines. Elle reçoit la même année le prix Casa de las Americas pour son roman *Je ne suis pas un homme qui pleure*. "LES VENTRES DES FEMMES N'ONT PAS ÉTÉ UNIQUEMENT TAILLÉS POUR ENFANTER. DANS CES VENTRES RÈGNENT AUSSI LA COLÈRE, LA FOLIE, LA CRUAUTÉ, LA SOLITUDE, LA FAIM. TOUT CE QUI ME SERT À ÉCRIRE."

NIVIAQ KORNELIUSSEN

Née en 1990, Niviaq Korneliussen a grandi dans une petite ville du Sud du Groenland. Première écrivaine inuit à atteindre une renommée internationale, elle a été révélée par son premier livre, *Homo sapienne*, roman queer et follement décomplexé de l'Arctique. En abordant des sujets tels que les violences sociales et domestiques ou l'identité sexuelle, l'autrice s'attaque aux tabous d'une société traditionnelle très masculine. Hypermédiatisée, traduite dans de nombreuses langues, au programme de certaines écoles de son pays, son œuvre reflète le malaise de sa génération dans une langue crue. "IL FAUT CRIER LE PLUS FORT QU'ON PEUT POUR DÉNONCER LES PROBLÈMES, SINON ON LES OUBLIE."

LOLA LAFON

Née en 1974, Lola Lafon s'engage très tôt dans divers collectifs antifascistes et féministes. Depuis, tous ses romans semblent l'aboutissement de ce long cheminement où littérature et convictions s'entrecroisent. Remarquée et multi-primée pour *La Petite Communiste qui ne souriait jamais*, récit qui s'inspire du parcours de Nadia Comaneci, elle puise de nouveau sa matière dans le réel avec *Mercy, Mary, Patti*, une réflexion sur l'identité féminine conçue à partir de la vie de Patty Hearst. Prix Goncourt des lycéens 2020, son roman *Chavirer* raconte la plongée en enfer d'une jeune adolescente victime d'un réseau pédophile dans le sillage de #MeToo. "LE FÉMINISME EST UN HUMANISME. C'EST FOU QUE CELA PROVOQUE ENCORE DE TELLES PEURS. IL S'AGIT TOUT DE MÊME DE LA SEULE RÉVOLUTION À N'AVOIR FAIT AUCUN MORT."

ANGELA LEHNER

Née en 1987, Angela Lehner étudie la littérature comparée à Vienne avant de s'installer à Berlin.

Elle s'intéresse alors aux relations entre les genres et publie plusieurs textes sur le sexisme. En 2019, cette jeune autrice publie un premier roman brillant, *Vater Unser*, accueilli par une critique élogieuse n'hésitant pas à la comparer à Thomas Bernhard. Le personnage principal, une jeune femme internée dans un service psychiatrique, profère de graves accusations contre son père : vérités, délires ou manipulations ? Son roman avance avec humour entre motifs pop et tradition littéraire. Il a reçu de nombreux prix dont celui du Meilleur livre autrichien. "QUATRE-VINGTS POUR CENT DE LA LITTÉRATURE ENSEIGNÉE À L'ÉCOLE A ÉTÉ ÉCRITE PAR DES HOMMES BLANCS. C'EST LA HONTE !"

MYRIAM LEROY

Née en 1982, Myriam Leroy est journaliste, écrivaine et dramaturge. *Ariane*, son premier roman, a été finaliste du prix Goncourt du premier roman. Pour *Les Yeux rouges*, sorti en 2019, elle s'est inspirée du harcèlement dont elle a été victime sur les réseaux sociaux à la suite d'une de ses chroniques télévisées. Mais les dix mille internautes qui l'ont violemment attaquée n'ont pas réussi à détruire son style cash et humoristique. Bien au contraire ! En 2021, elle coréalise, avec Florence Hainaut, *#SalePute*, un documentaire dans lequel elles dressent un état des lieux alarmant des cyber-violences misogynes "QUI CONSISTENT À TENTER DE RÉDUIRE AU SILENCE LES FEMMES... VOTRE CERVEAU IMAGINE, VOTRE CORPS ENCAISSE".

ROSA MONTERO

Née en 1951, romancière et journaliste prolixe et hyper populaire dans son pays, Rosa Montero aime teinter sa plume acerbe dans l'humour noir et l'anticipation. Traduite dans plus de vingt langues, elle a écrit de nombreux romans, essais et biographies, parmi lesquels *La Fille du cannibale*, *Le Roi transparent* ou *L'Idée ridicule de ne plus jamais te revoir*. En 2017, elle reçoit le prix national des Lettres espagnoles. Féministe engagée, Rosa Montero lutte depuis longtemps contre le sexisme sous toutes ses formes et pose un regard profondément humaniste sur la place des femmes dans nos sociétés : "LE FÉMINISME N'EST PAS SEULEMENT UNE AFFAIRE DE FILLES. SI LE RÔLE SOCIAL DES FEMMES EST MODIFIÉ, C'EST PARCE QUE LE RÔLE DES HOMMES CHANGE AUSSI."

SOFI OKSANEN

Née en 1977, Sofi Oksanen a été propulsée sur la scène littéraire internationale dès la sortie de son roman *Purge* en 2010. Véritable best-seller planétaire, le livre remporte de nombreux prix, dont le Femina étranger. Au fil de ses romans, la violence faite aux corps s'impose comme un véritable leitmotiv obsessionnel : *Baby Jane* évoque l'emprise tragique dans un couple lesbien, tandis que *Norma* met en avant l'exploitation du corps des femmes. Son style percutant ne laisse pas indifférent. Devenue égérie des lettres finlandaises, Sofi Oksanen continue à tisser une œuvre engagée dans laquelle les femmes sont des battantes : "L'ÉCRITURE EST UNE ARME ET UN CRI."

ANNE PAULY

Née en 1974, féministe engagée avant de devenir écrivaine, Anne Pauly a milité avec les collectifs Gouine comme un camion et OuiOuiOui. Elle est l'autrice d'un premier roman autobiographique, *Avant que j'oublie*, où elle évoque son père, les rapports de classes, la virilité, la répartition des rôles et cette violence "À LAQUELLE LES PÈRES ÉDUQUENT LEURS FILS ET DONT ILS TENTENT ENSUITE DE PROTÉGER LEURS FILLES". Nominé au Goncourt et au Goncourt du premier roman, son livre a reçu le prix Inter et le prix Summer en 2020.

GRAZYNA PLEBANEK

Née en 1967, Grazyna Plebanek se sent profondément européenne, naviguant entre la Suède et la Belgique depuis plusieurs années. Son œuvre littéraire est jalonnée de personnages féminins forts, affirmant leur désir d'émancipation. Son sixième roman, *Furie*, donne voix à une jeune femme d'origine congolaise, confrontée au racisme ordinaire à Bruxelles. Pour s'imposer face aux hommes, elle pratique la boxe, "UN BON MOYEN POUR RÉPRIMER SA COLÈRE". Une histoire qui parle au nom de toutes les déracinées vivant en Europe. Roman remarqué et soutenu par Alain Mabanckou, il a remporté le prix des Lecteurs Livre de Poche en 2020.

BLANDINE RINKEL

Née en 1991, Blandine Rinkel est une dévoreuse de mots : écrivaine, chanteuse, journaliste, parolière. Après un premier livre très remarqué, *L'Abandon des prétentions*, elle publie en 2019 *Le Nom secret des choses*, un roman d'inspiration autobiographique. Elle y raconte l'histoire d'une jeune provinciale qui tente de se faire accepter par ses camarades. Le livre est dédié "à celles qui disparaissent" pour mieux se réinventer et se libérer. "J'AIME L'IDÉE D'UNE IDENTITÉ OUVERTE. JE ME MÉFIE, EN PARTICULIER POLITIQUEMENT, DE L'ENVIE DE N'EN CHOISIR QU'UNE." En 2021, elle publie un ouvrage d'entretiens, *Tout tremble*, questionnant le sens de l'écriture pour une génération ayant connu la disparition des oiseaux, la raréfaction du silence et la pollution de l'air.

MONICA SABOLO

Née en 1971 à Milan, Italie, Monica Sabolo a déjà derrière elle six romans, un prix de Flore, un Grand Prix de la SGDL et une sélection au prix Goncourt avec son roman *Summer*. Histoire de violence et de sauvagerie, *Éden*, paru en 2019, raconte la disparition de jeunes filles amérindiennes dans une forêt imaginaire, récit qui s'inspire de faits réels survenus au Canada. De manière puissante et magnétique, la romancière rapproche les violences faites aux femmes de celles subies par la nature. Un militantisme éco-féministe qu'elle revendique. "DANS MON ROMAN, LES FILLES ET LA FORÊT SONT PRESQUE UN SEUL ORGANISME VIVANT. C'EST MON LIVRE LE PLUS POLITIQUE ET LE PLUS AMBITIEUX."

LYDIE SALVAYRE

Née en 1946, d'un couple de républicains espagnols exilés en France à la fin de la guerre civile, Lydie Salvayre a d'abord mené une carrière de psychiatre avant de se lancer en littérature. Une des très rares femmes à avoir obtenu le prix Goncourt, pour son roman *Pas pleurer* en 2014. Elle construit depuis près de trente ans une œuvre forte et sensible, s'attachant à décrire la réalité sociale de notre monde. Grande dame de la littérature française, elle dit d'elle-même qu'elle est incapable d'oublier le sentiment de honte qui a accompagné son enfance déshéritée. "LA LITTÉRATURE NE PEUT RIEN FACE À LA BRUTALITÉ D'UN HUISSIER."

ALOÏSE SAUVAGE

Née en 1992, Aloïse Sauvage est une artiste aux multiples talents : actrice, chanteuse, danseuse, circassienne… Elle enchaîne aussi brillamment les rôles au cinéma *(120 battements par minute, Les Fauves, Hors normes…)* que les tubes musicaux. Nominé aux Victoires de la musique en 2020, son album

Dévorantes est un véritable coup de poing. Aloïse ne s'interdit rien : elle chante son époque, la fluidité des genres et celle des sexualités. Une nouvelle voix qui bouscule l'hégémonie masculine dans cet univers musical stéréotypé. "J'ESPÈRE AMENER DES ÉMOTIONS POSITIVES QUI PERMETTRONT DE CHANGER LES MENTALITÉS."

ERSI SOTIROPOULOS

Née en 1953, Ersi Sotiropoulos fait partie de la nouvelle garde littéraire hellénique. Multi-primée, elle compte à son actif de nombreux romans et essais traduits dans le monde entier. Son premier roman, *La Farce*, est considéré en Grèce comme le manifeste de la femme révoltée. Écrivaine engagée, elle porte un regard lucide sur la crise sans précédent qu'a traversée son pays dans son roman *Eva*. Et publie en 2019 *Je crois que tu me plais*, un roman singulier, uniquement composé de mails et de textos, interrogeant l'amour à l'ère du numérique. "LA LITTÉRATURE NOUS AIDE À NOUS MÉFIER DES CLICHÉS. ELLE PEUT TOUT."

LIZE SPIT

Née en 1988, Lize Spit a suivi des études de cinéma avant de se lancer dans l'écriture. *Débâcle*, son premier roman, véritable coup de tonnerre dans le paysage littéraire flamand, a été un formidable succès de librairie (déjà traduit en neuf langues) et lui a valu de nombreux prix littéraires. Fable d'une incroyable cruauté sur l'amitié, son roman met en scène les relations toxiques de trois adolescents. Jusqu'à la nausée. Le ton détaché du roman de Lize Spit, son cynisme glaçant lui confèrent un réalisme suffocant. "ON PEUT PARLER D'UN TRAUMA AU FÉMININ PLURIEL."

CHRISTIANE TAUBIRA

Née en 1952 à Cayenne, Christiane Taubira mène de front une carrière politique et littéraire. Oratrice inspirée et femme de lettres, elle n'a jamais caché son amour des mots. Elle a déjà publié près d'une vingtaine d'ouvrages dont *L'Esclavage raconté à ma fille*, *Nuit d'épine* ou *Murmures à la jeunesse*. Dans son roman publié en 2020, *Gran Balan*, elle dresse une fresque sociale de sa Guyane natale. On y retrouve les thèmes chers à l'ancienne garde des Sceaux : une attention aux plus démunis, à la jeunesse dont on obstrue l'horizon et aux femmes qui construisent notre monde. "LE FÉMINISME EST UN HUMANISME, CE N'EST PAS UNE GUERRE DE TRANCHÉES."

ALICE ZENITER

Née en 1986, Alice Zeniter est une passionnée. Chacun de ses romans a conquis le cœur du public, mais aussi celui des jurys littéraires (prix Renaudot des lycéens, prix Inter, prix littéraire du *Monde*...). À la suite de *L'Art de perdre*, un texte ambitieux sur l'histoire franco-algérienne (prix Goncourt des lycéens 2017), elle publie *Comme un empire dans un empire*, roman engagé qui s'inscrit dans les luttes sociales et féministes de notre époque. En 2021 paraît *Je suis une fille sans histoire,* une réflexion sur la domi-nance patriarcale dans la littérature. "UNE BONNE HISTOIRE, AUJOURD'HUI ENCORE, C'EST SOUVENT L'HISTOIRE D'UN MEC QUI FAIT DES TRUCS. ET SI ÇA PEUT ÊTRE UN PEU VIOLENT, C'EST MIEUX."

REMERCIEMENTS

Merci aux comédiennes qui ont magnifiquement interprété ces textes dans la série de films *H24* :

Susana Abaitua
Sveva Alviti
Luana Bajrami
Nadège Beausson-Diagne
Galatéa Bellugi
Romane Bohringer
Valeria Bruni-Tedeschi
Céleste Brunnquell
Tallulah Burns
Marilyne Canto
Camille Cottin
Charlotte De Bruyne
Anaïs Demoustier
Kayije Kagame
Diane Kruger
Annabelle Lengronne
Florence Loiret-Caille
Elina Löwensohn
Déborah Lukumuena
Marco
Garance Marillier
Noémie Merlant
Aloïse Sauvage
Grace Seri
Souheila Yacoub
Agnieszka Zulewska

Merci aux réalisatrices qui ont mis leur talent au service de *H24* :

Charlotte Abramow	Ariane Labed
Elsa Amiel	Nathalie Masduraud
Sandrine Bonnaire	Marie-Castille Mention-Schaar
Émilie Brisavoine	Clémence Poésy
Nora Fingscheidt	Valérie Urrea

Nathalie Masduraud et Valérie Urrea remercient :

Nos productrices, Julie et Justine, et toute l'équipe des Batelières Productions, pour avoir soutenu ce projet sans hésitation ni tremblement ;
Philippe Guilbert, Tina Baz et Léonie Pernet pour leur créativité sans relâche ;
Suzette Robichon, Élisabeth Lebovici et Catherine Facerias pour leurs conseils de lecture et la bienveillance de leur regard ;
Nos familles de sang et de cœur. Fanch et Pascale, Hassina et Mathias. Et toutes les amies qui nous ont accompagnées et aidées, durant toutes ces années.
Enfin, merci à nos filles, Samanda et Taïcha, qui nous font croire aux lendemains qui chantent.

Julie Guesnon Amarante et Justine Henochsberg remercient :

Nathalie et Valérie pour cette idée un peu folle qui nous a menées au-delà de ce que nous avions imaginé et pour leur talent brut ;
Stéphanie Maury pour son accompagnement sans faille tout au long de cette aventure ;
Adeline Alexandre et Morgane Pomponi Igual pour leurs précieux conseils ;
Émelie de Jong et Daniel Khamdamov qui ont permis à ce projet d'exister ;
Margaux Leclabart et Arielle Graziani pour leur travail à nos côtés ;
Nos familles qui ont suivi et soutenu chaque étape avec tendresse et patience : Fabrice Amarante, David Henochsberg, Lilah, Lou Salomé, Joseph et Simon.

Et toutes celles et ceux qui nous ont aidées, de près ou de loin, à faire de ce projet une réalité…

PARTENAIRES

Fondation orange

KERING
FOUNDATION

Fondation
RAJA Danièle Marcovici
Agir pour les femmes

Batelières
PRODUCTIONS

Avec le soutien de la Fondation Orange

Chez Orange, nous sommes profondément convaincus que les femmes apportent une vision, des savoir-faire, des savoir-être, des innovations d'une grande valeur pour le monde, la société et aussi pour notre entreprise.

Présent dans 26 pays, avec plus de 142 000 salariés, Orange s'est engagé depuis plus de quinze ans sur le sujet de l'égalité professionnelle entre les femmes et les hommes et notamment dans la lutte contre le sexisme, le harcèlement et les violences.

En parallèle des actions du Groupe, la Fondation Orange intensifie ses actions pour l'éducation et l'insertion des femmes en grande difficulté. Avec 320 Maisons digitales déployées en Europe et en Afrique, elle offre à ces femmes sans qualification ou sans emploi des formations numériques de longue durée. Depuis 2015, plus de 40 000 femmes ont pu en bénéficier pour améliorer leur insertion sociale et leur autonomie financière.

Et comme nous sommes convaincus que l'éducation des filles dans les pays en développement est un élément déterminant vers l'émancipation, nous favorisons l'accès à l'école pour les filles dans nos 1 000 écoles numériques en Afrique et construisons des aménagements pour l'accès aux soins dans nos 100 villages.

www.fondationorange.com

Avec le soutien de la Fondation Kering

Dans le monde, une femme sur trois est ou sera victime de violences au cours de sa vie. Depuis 2008, la Fondation Kering lutte contre ces violences qui touchent toutes les cultures et toutes les classes sociales.

Pour maximiser son impact, la Fondation travaille avec un nombre limité de partenaires dans six pays principaux : la Chine, les États-Unis, la France, l'Italie, le Mexique et le Royaume-Uni.

Elle soutient des associations locales qui mettent les femmes victimes de violences au cœur de leurs programmes. *Via* des programmes de prévention, la Fondation engage les plus jeunes, notamment les jeunes hommes et les garçons, pour promouvoir l'égalité femmes-hommes.

La Fondation travaille également à faire évoluer les comportements, au sein de Kering comme de la société en général. Elle déploie des formations sur les violences conjugales à destination des collaborateurs du Groupe et a créé, avec la Fondation Face en 2018, "Une femme sur trois", le premier réseau européen d'entreprises engagés dans la lutte contre les violences faites aux femmes.

www.keringfoundation.org
Twitter : @KeringForWomen
Instagram and Facebook : @KeringFoundation

Avec le soutien de la Fondation RAJA-Danièle Marcovici

Créée en 2006 à l'initiative de Danièle Kapel-Marcovici, PDG du Groupe RAJA, et placée sous l'égide de la Fondation de France, la Fondation RAJA-Danièle Marcovici développe des partenariats avec des associations françaises qui se mobilisent sur le terrain, partout dans le monde, en faveur de l'émancipation des femmes et de l'amélioration de leurs conditions de vie.

Dans ce cadre, elle soutient financièrement des projets dans quatre domaines d'intervention : la défense des droits des femmes et la lutte contre les violences ; l'éducation et l'action sociale ; la formation et l'insertion professionnelle ; et le rôle des femmes dans la protection de l'environnement.

Elle promeut aussi des actions de sensibilisation et de plaidoyer auprès de la société civile et des institutions pour dénoncer et informer sur les discriminations et violences envers les femmes et les filles, et sur la nécessité d'agir en faveur de leur autonomisation. Elle a également pour vocation d'impliquer et de fédérer les trois mille collaboratrices et collaborateurs du Groupe RAJA dans les actions qu'elle mène dans le cadre du programme RAJApeople.

Si vous êtes victime de violences sexistes et sexuelles, ou si vous êtes témoin de ces violences :

• En cas de danger immédiat, composez le **17** ou utilisez le **114** par SMS.

• Le portail en ligne de signalement des violences sexistes et sexuelles permet aux victimes et aux témoins d'échanger en direct avec un policier ou un gendarme spécialement formé à ces violences, 7 jours sur 7 et 24 heures sur 24. Le portail est ouvert à toutes et tous à l'adresse : https://arretonslesviolences.gouv.fr.

Des associations et des applications qui vous aident et vous écoutent, parmi lesquelles :

• Un numéro gratuit et anonyme, le **39 19**, tous les jours de 9 heures à 21 heures.

• L'application "Mémo de vie" coffre-fort numérique pour y consigner faits et preuves : https://memo-de-vie.org.

• Une application de soutien entre femmes : www.app-elles.fr.

• Un tchat gratuit : www.commentonsaime.fr.

Les 24 écrivaines et les Batelières Productions reversent l'intégralité des droits de ce livre à la Fondation des Femmes.

Retrouvez l'intégralité des épisodes de la série H24
sur le site arte.tv :

OUVRAGE RÉALISÉ
PAR L'ATELIER GRAPHIQUE ACTES SUD
REPRODUIT ET ACHEVÉ D'IMPRIMER
EN SEPTEMBRE 2021
PAR NORMANDIE ROTO IMPRESSION S.A.S.
À LONRAI
POUR LE COMPTE DES ÉDITIONS
ACTES SUD
LE MÉJAN
PLACE NINA-BERBEROVA
13200 ARLES

DÉPÔT LÉGAL
1re ÉDITION : OCTOBRE 2021
N° impr. : 2104321
(Imprimé en France)